◎温方方 著

政府服务

窗口时代

浙江科学技术出版社

图书在版编目(CIP)数据

政府服务步入窗口时代 / 温方方著. —杭州：浙江科学技术出版社，2014.5

ISBN 978-7-5341-5992-3

Ⅰ. ①政… Ⅱ. ①温… Ⅲ. ①地方政府—社会服务—研究—中国 Ⅳ. ①D625

中国版本图书馆 CIP 数据核字(2014)第 088266 号

PERFACE

前　言

“政府服务窗口”是政府或政府部门公开为公众服务所采取的方式、方法、流程、制度等全部要素的统称，是政府直接为企业和公民个人提供各种公共服务的场所。创建一流的政府服务窗口，是建设服务型政府的一项重要目标和内容。

目前，中国各地政府正在全面推进本地区公共服务体系建设，打造规范、高效、便捷的公共服务平台，要求其职能部门作为窗口单位共同进驻本级政府综合性办事大厅和街道（社区）级便民服务中心，指派本部门工作人员进驻窗口集中办理各类审批、审核、登记、办证、收费业务，并通过适当的政府管制和行政审批改革来规范行政审批行为，体现政府改革力度。传统的公共服务部门（如水业、电力）和部分政府职能部门（如税务、公安）已经设立了各种公共服务场所，从市、区（县）自办类办事大厅到街道镇级基层站所，其服务窗口自上而下已实行“统一标识、统一名称、统一着装、统一服务标准”管理。但是，这些部门仍然十分重视与政府合作，已经把自身的区域性营业网点布点工作和进驻政府综合性办事大厅开设服务窗口工作结合起来。因此，上述自办类办事大厅和政府综合性办事大厅服务窗口岗位为年轻人进入政府机关和公共服务部门工作提供了更多的机会。

由于办事大厅窗口工作人员直接代表政府部门的形象与素质，政府部门一直将窗口岗位视作骨干培养、人才选拔的重要来源。通常市、区（县）级政府人事部门每年组织一次统一招考来充实窗口一线岗位。政府综合性办事大厅各职能部门新招的窗口岗位大多数按事业单位招考聘用或政府雇员(合同制)招聘,街道(社区)便民服务中心的窗口岗位有的按“社工”名义招聘。由于能和公务员一样进政府机关工作,总需求量又远高于公务员,于是吸引了越来越多“想与公务员做同事、想在市民中心上班”的应届和历届毕业生报名参加招考。

面对大量新人的加入，政府综合性办事大厅的管理机构在窗口培训中急需一本实用性强的专用教材。由于目前政府服务窗口和办事大厅质量管理标准体系建设和理论研究还相对滞后，适合政府服务窗口培训教材和相关书籍很少。同时,我还发现自编的文字类培训讲稿,对第一天上班的新人,特别是“90后”来说稍显枯燥乏味而收效甚微,因此,我一直梦想写一本图文并茂的窗口工作培训书。2013年10月通过浙江大学校友,请到了留日多年、擅长漫画的春生(许瑶华)为本书配图。希望这本书能具有让读者一翻就想看,一看就想一口气看完的魔力。

本书第一章至第四章的主要内容是窗口概念、窗口礼仪、窗口业务和窗口管理,特别适用于窗口工作人员上岗培训。第五章和第六章结合个人的一些经验体会对办事大厅的管理和建设作了系统介绍,适合政府机关单位人员,特别是行政服务中心或相关部门人员作为工作参考。为增强其实用性,在附录中增加了杭州市某区行政服务中心已实行多年的窗口管理制度和考核办法，希望为政府综合性办事大厅领导及管理人员提供参考。

本书在编写过程中，得到了杭州市行政服务中心祝永平主任的悉心指导,得到了滨江区、西湖区行政服务中心等单位的大力支持。此外,孙秋担任本书的特约审稿,在此一并表示感谢。

由于时间仓促、水平有限,书中难免有差错与不足,希望广大读者及时提出宝贵意见和建议,以便修订和完善。

著者

2014年2月

CONTENTS

目　录

第一章　窗口概念

一、窗口 …… 002
二、办事大厅 …… 004
三、窗口单位 …… 005
四、一站式服务 …… 006
五、行政服务中心 …… 007
六、行政服务中心职能 …… 009
七、双重管理 …… 010
八、两集中、两到位 …… 012
九、一条龙服务 …… 013
十、行政审批制度缺陷 …… 014
十一、行政审批制度改革 …… 014

第二章　窗口礼仪

一、总体要求 …… 017
二、统一着装 …… 017
三、佩证上岗 …… 019
四、发型要求 …… 020
五、鞋类要求 …… 021
六、坐姿站姿 …… 022
七、礼貌用语 …… 023

八、电话交流 …… 024
九、面对批评 …… 025
十、窗口忌语 …… 025

第三章　窗口业务

一、总体要求 …… 028
二、业务分类 …… 029
三、限时办结制 …… 029
四、AB 岗工作制 …… 030
五、一次性告知制 …… 031
六、首问责任制 …… 032
七、政务公开制 …… 033
八、窗口收费 …… 034
九、业务量统计 …… 035

第四章　窗口管理

一、工作时间 …… 038
二、工作纪律 …… 039
三、电子考勤 …… 040
四、请假规范 …… 040
五、叫号服务 …… 041
六、服务评价 …… 043
七、明察暗访 …… 044
八、投诉处理 …… 045
九、窗口培训 …… 046
十、考评考核 …… 047
十一、文体活动 …… 048

第五章　办事大厅管理

一、咨询引导 …………………… 050
二、自助服务 …………………… 050
三、数据统计 …………………… 051
四、服装管理 …………………… 053
五、窗口调整 …………………… 054
六、服务时间 …………………… 055
七、日常巡查 …………………… 056
八、物业管理 …………………… 058

第六章　办事大厅建设

一、总体要求 …………………… 060
二、方案准备 …………………… 061
三、办事大厅地点选择 …………………… 062
四、办事大厅功能分区 …………………… 062
五、办事大厅导示系统 …………………… 065
六、办事大厅主入口设计 …………………… 069
七、办事大厅内部设计 …………………… 071
八、办事大厅建设发展思考 …………………… 089

附录　政府综合性办事大厅管理制度及考核办法

一、窗口礼仪规范 …………………… 093
二、窗口岗位职责 …………………… 094
三、效能建设责任制 …………………… 095
四、窗口考勤制度 …………………… 100
五、窗口请假制度 …………………… 101

六、窗口考核制度 …… 102
七、窗口会议(培训)制度 …… 103
八、窗口收费管理制度 …… 104
九、窗口卫生管理制度 …… 105
十、窗口人员轮换交接制度 …… 106
十一、窗口信息安全保密制度 …… 107
十二、窗口节能减耗制度 …… 108
十三、窗口财产管理和使用制度 …… 109
十四、窗口着装管理制度 …… 110
十五、窗口柜长管理制度 …… 111
十六、窗口投诉处理制度 …… 113
十七、窗口单位主要职责 …… 116
十八、窗口单位例会制度 …… 117
十九、窗口办件分类及管理 …… 118
二十、××区行政服务中心考核办法 …… 121

第一章

窗口概念

一、窗口……002

二、办事大厅……004

三、窗口单位……005

四、一站式服务……006

五、行政服务中心……007

六、行政服务中心职能……009

七、双重管理……010

八、两集中、两到位……012

九、一条龙服务……013

十、行政审批制度缺陷……014

十一、行政审批制度改革……014

一、窗口

凡是以在柜台的方式为公众提供服务、咨询、受理的场所，简称“窗口”，窗口采用“一对一”人工服务方式(即一个窗口有一名工作人员接待一名办事对象)。

目前窗口主要有两种形式：

一是封闭式窗口，如银行营业厅采用的窗口(柜台上加设玻璃隔断)。

二是敞开式窗口，如政府部门服务中心(便民中心)采用的大柜台窗口，方便人员交流和传递材料及证件。

封闭式窗口

敞开式窗口

窗口服务的特点是向社会服务对象承诺对外公开工作时间内，开门营业或办理业务，确保每个业务符合行业标准和要求；办理流程、收费金额、办结时间等信息通过多种方式(如上墙、电子屏、小册子、网站)予以公开，接受公众监督。

窗口服务是以客户主导的服务模式，客户想来就来

为有效解决我国企业和公民个人办事的“两难”问题，中国各地政府正在全面推进本地区公共服务体系建设，打造规范高效、便捷优质的公共服务平台。政府采用窗口服务形式为企业和公民个人提供公共服务，已得到中国社会各界的肯定和好评。

“两难”问题之“人难找”

“两难”问题之“脸难看”

二、办事大厅

所有采用窗口形式对外服务的集中办事场所均可称作“办事大厅”。

目前，政府和公共服务部门开设的办事大厅可分四种类型：

一是公共服务部门自办类办事大厅（亦称“营业网点”），比如银行、电力、移动、邮政的营业网点，规模一般不大。名称多为“××所”、“××营业厅”、“××客服中心”等。其工作人员被称为“窗口客服”或“柜台服务人员”。

二是政府职能部门自办类办事大厅（亦称“基层站所”），比如公安局、税务局、人事局的办事场所，规模一般不大。名称多为“××派出所”、“××农税站”、“××税务大厅”、“××社保中心”、“××人才公共服务业务受理大厅”等。其工作人员被称为“窗口工作人员”。

三是政府综合性办事大厅（亦称“办证中心”），属于多部门集

办事大厅的地段和环境相对比较好

中办事的大型办事大厅，功能齐全。名称多为“市民中心”、“行政审批中心”、“行政服务中心”、“政务服务中心”等。比如上海浦东区政府的“浦东市民中心”、杭州市政府的“市民之家”、柳州市政府的“政务服务中心”、杭州各区（县）政府的“行政服务中心”。其工作人员被称为“窗口工作人员”或“窗口后台工作人员”。

四是街道（乡）和社区（村）级政府管理机构开设的办事场所，规模较小。名称多为“××分中心”、“××便民服务中心”。其工作人员被称为“社工”、“村官”等。

三、窗口单位

凡是采用窗口方式办理业务或提供公共服务的单位，均可称作“窗口单位”，可以是政府职能（审批）部门、公共服务部门、中介机构。

窗口单位可采用两种方式开展窗口服务：

一是在自办类办事大厅设立窗口，需自选场所和自行管理，如税务、公安等部门。

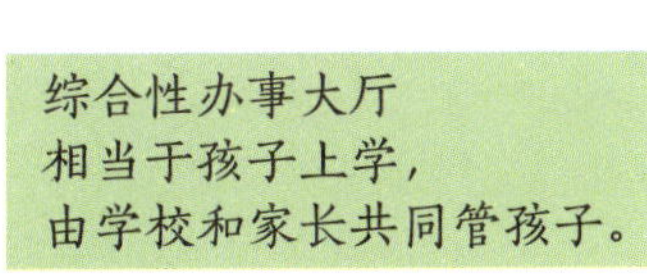

自办类和政府综合性办事大厅窗口工作人员两种定位

二是入驻同级或下级政府综合性办事大厅开设窗口，与其他窗口单位一起共建“一站式”审批服务或便民服务，其窗口工作人员的日常管理委托政府管理机构统一管理，如公安局、国土局、房产局、规划局、城管办等部门。

四、一站式服务

“一站式服务”最初的定义是只要客户有需求，一旦进入某个服务站点，所有的问题都可以解决，没有必要再找第二家。其本质

市民办事越来越便捷

上就是系统销售服务。“一站式服务”原为欧美国家商业概念，即商家为赢得消费者，不断扩大经营规模和商品种类，尽最大努力满足消费者的购物所需而不需东奔西跑。简单地说，就是商家备有充足的货源让消费者在一个商店里买到多件所需的商品。

“一站式服务”是指办事对象只要进入政府/企业综合办公点（或政府/企业门户网站），即可解决需要政府办理的所有有关事项。其核心要素不仅是要求多个窗口的地理位置集中，而且是要通过网络和计算机技术实现业务逻辑集中，实现跨部门的协作服务，网上网下相结合、多种渠道受理反馈、资源共享、协同审批，实现“一站到底”。

在通过网络和计算机技术实现业务逻辑集中还有诸多问题需要解决的现阶段，目前政府/企业建立的一站式服务，是指把需要审批/服务的办事事项集中到一个大厅、一个窗口，从而简化操作流程，实现一人受理、内部运作，方便办事对象，提高效率。

五、行政服务中心

行政服务中心又称政务服务中心，是政府设立的综合管理机构，负责综合性办事大厅的日常管理。

在杭州，2000年初期各区（县）级政府综合性办事大厅开始起步时，早期的管理机构名称与筹建的主管部门有很大渊源，比如开发区招商局主管的管理机构叫“投资服务中心”，县级政府成立的机构叫“办证中心”等。

杭州市及各区(县)的政府办事大厅的管理机构在2012年实现统一名称——“行政服务中心”。杭州市各区(县)的行政服务中心一般与公共资源交易中心合署办公,同为正处级或副处级事业单位。

政府服务窗口能为大专院校毕业生提供就业机会

六、行政服务中心职能

杭州地区的行政服务中心职能是：以提高办事效率、降低行政成本、改进为民服务、促进政务公开为目标，努力把中心建设成为集“行政审批、效能监察、公共服务、资源配置”四位一体的综合政府服务平台。

××开发区行政服务中心机构设立批文内容如下：

中心机构职能是为本地区企业和公众提供便捷的行政审批服务功能，主要职责：（一）按照集中、精简、效能、便民的原则，协调开发区直属机构、区配套机构及市属驻区各有关部门进驻中心窗口，改革、优化审批环节和流程，组织全区面向企业和其他社会组织设立的行政许可、审批和非行政许可、审批事项的一站式办理；规范操作和集中办理全区为民服务项目。（二）负责“网上行政服务中心”建设和应用，推进“网上办事”。（三）研究制定中心各项管理制度，并监督实施。负责对各进驻单位窗口建设情况及窗口工作人员进行考核。（四）负责受理行政许可（审批）、便民服务过程中出现的相关投诉，并协助各职能部门做好调查处理工作。（五）指导街道办事窗口和村（社区）便民服务窗口业务和建设。

实现中心目标任重道远

七、双重管理

政府综合性办事大厅实行双重管理。

每一个窗口工作人员都必须服从本部门窗口单位和办事大厅管理机构行政服务中心的双重领导。

窗口单位管理职责:

(1) 明确窗口分管领导和责任科室。

(2) 提供窗口工作的人员保障,负责人员的招聘、业务培训、提拔、解聘。

(3) 提供窗口服务事项保障,如窗口数量选择、窗口业务内容确定等。

(4) 负责政务信息公开,确保纸类、电子类、网站公开资料的及时性、准确性,并推进“网上办事”工作。

行政服务中心管理职责:

(1) 负责办事大厅进驻窗口单位的窗口设置及调整。

(2) 负责办事大厅日常管理及窗口规范化建设，包括考勤、服装、台签设置、收费管理、办事事项信息公开等工作。

(3) 负责办事大厅各项管理制度的制定并监督实施，包括对窗口单位和窗口人员的季度考核和年度考核。

(4) 负责办事大厅的整体软硬件建设和维护运转，包括物业等配套服务管理。

(5) 负责受理办事大厅窗口服务过程中出现的相关投诉。

窗口单位主要管：派谁去窗口，做哪些业务

行政服务中心主要管：办事是否顺利、是否满意

八、两集中、两到位

“两集中、两到位”是指为深化行政审批制度改革，建立规范高效的审批运行机制，提高行政服务效能，推进一个行政机关的审批事项向一个处室集中、行政审批处室向行政审批服务中心集中，保障进驻行政审批服务中心的审批事项到位、审批权限到位。

难度很大

行政审批集中的意义概括起来就是“应放尽放、集中一个科室、全进中心”，具体地说，就是所有的审批职能必须下放，所有的审批职能集中到一个科室，并成建制地进入行政服务中心。通俗点说，就是把一个部门的行政审批权力全部向一个科室集中，这个科室再集中到市县行政服务中心的窗口办公，真正做到“一站式”审批，从而彻底解决办事难、程序复杂的问题。

九、一条龙服务

当某个大事项的审批流程包含多个部门的审批子项，而这些部门又能集中在同一场所(某区中心办事大厅)开设窗口提供“一站式”审批服务的，可称该大厅具备某某事项“一条龙”服务。比如：某区中心办事大厅进驻了许多审批部门和机构，形成了投资项目审批“一条龙”、房产登记“一条龙”、企业注册登记“一条龙”服务等。其中企业登记注册“一条龙”，需要工商局、质监局、公安局部门共同进驻开设窗口，一站式办理企业名称登记、营业执照核发、组织代码证办理、公章刻制等。

房产证“一条龙”服务示意图

十、行政审批制度缺陷

中国的政府管制和行政审批制度是在计划经济时代发展起来的,许多行政审批项目带有浓厚的干预和调控色彩,不利于市场经济的长期发展。这就需要政府不断梳理、优化、取消。作为过渡阶段可供选择的做法,集中审批制度由于可以解放生产力,约束经济领域的许多不法行为,适应了社会经济发展的要求。政府综合性办事大厅使得政府各部门由此而成为窗口单位,虽然能集中办事,但是窗口机构授权不足、窗口单位之间缺乏协调而导致流程复杂,“办事难”的问题依然存在。为此,行政审批制度缺陷和不足会在集中办事后得以显现。

政府调控越多,百姓办证越多

十一、行政审批制度改革

行政审批制度改革简称“审改”,目的是通过减少或取消事项、简化优化办事流程、缩短事项办事时间等方式打造“办事最快”政府。

当今中国政府，企业投资一个项目需经过许多部门的审批，从项目设立到工商登记到开工建设，不同的项目有不同的审批流程。由于涉及部门多、事项多，流程复杂。2013 年，浙江省新一轮行政审批制度改革首先从全面加快清理行政审批事项开始，行政许可事项从 1617 项减少到 1436 项，减少了 181 项。非行政许可审批事项，省本级从 560 项减少到 96 项，减少了 464 项，其中下放 11 项，取消 262 项，调整 191 项，减少审批部门 27 个。浙江省新一轮行政审批制度改革启动数月，全省各地的行政审批制度已经发生了许多变化。通俗点解释行政审批制度改革，就是能取消的取消，能简单的简单。

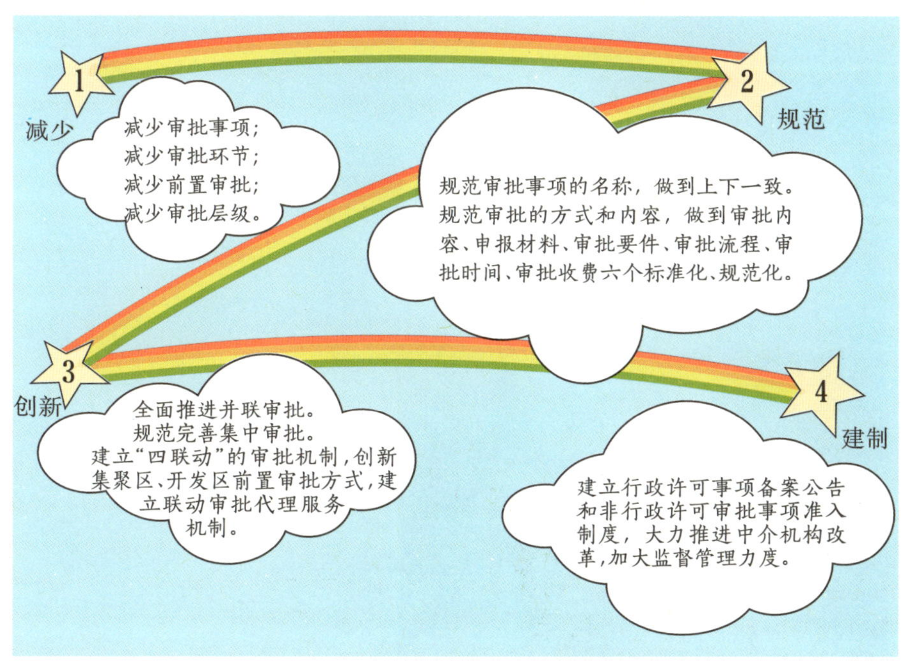

浙江新一轮行政审批改革主要任务

第二章

窗口礼仪

一、总体要求……017
二、统一着装……017
三、佩证上岗……019
四、发型要求……020
五、鞋类要求……021
六、坐姿站姿……022
七、礼貌用语……023
八、电话交流……024
九、面对批评……025
十、窗口忌语……025

一、总体要求

(1) 窗口实行“统一着装、统一挂牌(佩证上岗)”服务。

(2) 工作人员仪容整洁朴素,举止端庄大方,微笑服务。

(3) 窗口服务用语文明礼貌,应使用普通话。

(4) 站坐姿势端正,遇对方站立询问,应站立应答。

(5) 问答要简短并控制音量,以免对相邻窗口造成干扰。

标准接听

二、统一着装

为提升整体形象,便于公众监督,各类办事大厅窗口工作人员均实行统一着装。配备制服的海关、公安等部门,其窗口人员可着部门制装上岗。

政府综合类办事大厅应为窗口工作人员定制统一服装、定期定制。同时配备更衣室，制定服装管理制度，对正装着装要求、替岗人员服装借用、提前离岗要归还服装、新入职窗口人员在服装定制期间自备统一服装相近颜色和款式服装等做出详细规定。

为防止静电、提高舒适度，窗口工作人员服装宜选全棉和全毛类面料。

××区行政服务中心服装标准如下：

中心统一服装为白色衬衣、深藏青色西服（男领带、女领花）。

春秋正装为西服西裤，冬季正装为西服西裤，夏季正装为男衬衣长裤、女衬衣裙子。服装数量按“两冬两夏”，使用年限为两年。

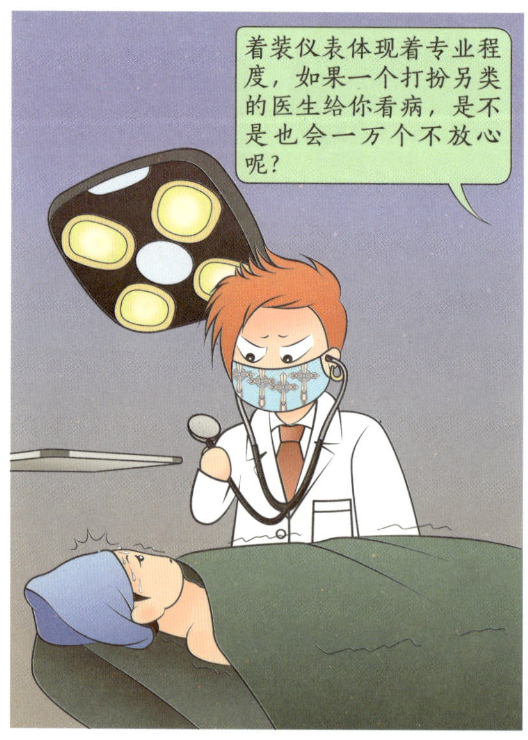

统一着装是职业要求

看法不同

三、佩证上岗

办事大厅窗口实行“统一挂牌(佩证上岗)”服务,可方便公众办事和便于接受公众监督,即所有窗口统一编号、统一制作标记标识。工作人员佩戴胸牌上岗服务,窗口摆放桌签。

人员胸牌和窗口桌签上必须包含人员姓名、正装照片、工号、窗口单位等信息。

“亮身份”服务

第二章 窗口礼仪

四、发型要求

窗口工作人员应选择干练清爽、稳重大方的发型、发色。

女性在工作时间内长发应盘起或扎起，头发不得压眉，露额露耳，宜化淡妆，切忌浓妆艳抹。不得当众化妆或补妆、佩戴夸张饰物。

男性不蓄胡须、不留长发怪发、不得剃光头。

男女最佳妆容：露额露耳。

规范妆容

欠规范妆容

不合格妆容

五、鞋类要求

窗口人员应根据统一着装的要求，自备与工作服相配的鞋子。深色下装时，女性宜穿深素色圆口皮鞋或布鞋，男性穿与工作服同色或黑色皮鞋。

各种鞋子与制服的搭配点评

六、坐姿站姿

窗口工作人员在工作时间内应坐姿端正，不能懈怠懒散或趴在桌上休息。站立时应注意站姿端正，女性应双手相合于腹前。

坐姿不符合要求

标准坐姿

标准站姿

七、礼貌用语

(1) 服务对象前来办理业务时，主动招呼"您好"。

(2) 服务对象较多时，要说"请您稍等"、"谢谢您的合作"。

(3) 服务对象等待时间较长时，要说"对不起，让您久等了，请问您要办什么业务"。

(4) 遇到熟人前来要求优先办理业务时，要说"真对不起，人很多，请按次序排队等一会儿"。

(5) 经办人员遇有急事不得不停下来处理时，要说"对不起，请您稍等一下"。

(6) 服务对象找错窗口时，要说"请到××窗口办理"，同时抬头抬手示意。

(7) 服务对象填错表格等材料时，要说"对不起，您的第×项内容填错了，应该……填写，请重新填写一份好吗"。

(8) 给服务对象发放证书、证照时应双手递交，并主动介绍下一步应如何办理："我这里办好后，下一个是××窗口。"

(9) 得到别人的帮助、配合或礼让时，要说"谢谢"。

(10) 业务办结后，要说"欢迎您再来"或"再见，请走好"。

记住口头禅

八、电话交流

(1) 接听办公电话应说“您好，××窗口”。如果不是自己的电话，应说“请稍等一下”，并尽快转给相关人员。

(2) 如果当事人不在，应说“您有什么事”、“我能转达吗”。中断或挂上电话，应先征得对方同意。

被吵的烦恼

(3) 通话时,语言要简洁明了,对重要事务做好记录。通话结束时说“再见”或“谢谢”。

核心:简短、音量小。

九、面对批评

(1) 因服务不周到,造成服务对象对业务办理工作不满时,要主动、诚恳地向服务对象道歉:“真对不起,请原谅,您有什么好建议吗?”

(2) 服务对象提出意见、建议和批评时,要耐心听取,不予争辩,做到有则改之、无则加勉。

(3) 主动记录对方的诉求,或由柜长告知中心,将批评和被批评双方带到调解室,以免影响其他人员。

千万不要失控发脾气

十、窗口忌语

(1) 喂! 你找谁?

(2) 喂! 什么事?

(3) 有话快讲,我还有别的事!

(4) 这里不受理此事,到别处问去!

(5) 这里不是咨询处，不要烦我！
(6) 没见我忙吗？
(7) 没看到我正在打电话吗？等着！
(8) 不是写得清清楚楚吗？自己去看就行啦！
(9) 你自己看清楚，干吗还要问我？真啰唆！
(10) 你看不懂？不懂就叫懂的人来！
(11) 你有没有搞错？
(12) 怕麻烦就别来！
(13) 吵什么，又不是不给你办！
(14) 我不是专为你一个人服务的。
(15) 我就这样，有意见你去投诉好了！

钢铁是这样炼成的

第三章

窗口业务

一、总体要求……028
二、业务分类……029
三、限时办结制……029
四、AB 岗工作制……030
五、一次性告知制……031
六、首问责任制……032
七、政务公开制……033
八、窗口收费……034
九、业务量统计……035

一、总体要求

窗口服务工作的总体要求是“群众满意、客户至上”。为此，采用窗口服务形式的政府和公共服务机构都会把窗口工作人员业务熟练、服务规范放在首要地位，并向社会承诺窗口业务“一门受理、限时办结”，窗口服务工作中落实“首问责任制”、“一次性告知制”、“AB岗工作制”、“政务公开制”、“限时办结制”等制度。

政府类办事大厅窗口服务理念通常是“便民、公开、高效、廉洁”，即切实方便群众，公开政务信息，提高办事效率，自觉廉洁奉公。

窗口服务理念被放在办事大厅最显眼位置

二、业务分类

窗口业务(亦称“办事事项”)大致有三种分类方法:

(1) 按政府管理分,有行政许可类、非行政许可类、便民服务类三种。

(2) 按办理结果分,有批文类、盖章类、证书类、缴费类四种。

(3) 按收件取件用时长短分,有当场办结件、当天办结件、承诺期限办结件和无承诺期限件四种。其中行政许可类和非行政许可类审批类业务的承诺期限是上级部门规章规定的时间,本级部门的承诺期限可以酌情缩短并公开。

窗口业务种类是动态变化的,因此,窗口单位和行政服务中心需建立一个动态管理模式,来适应因窗口业务(即办事事项)数量的增减、流程的变化而带来的窗口调整和人员调整。

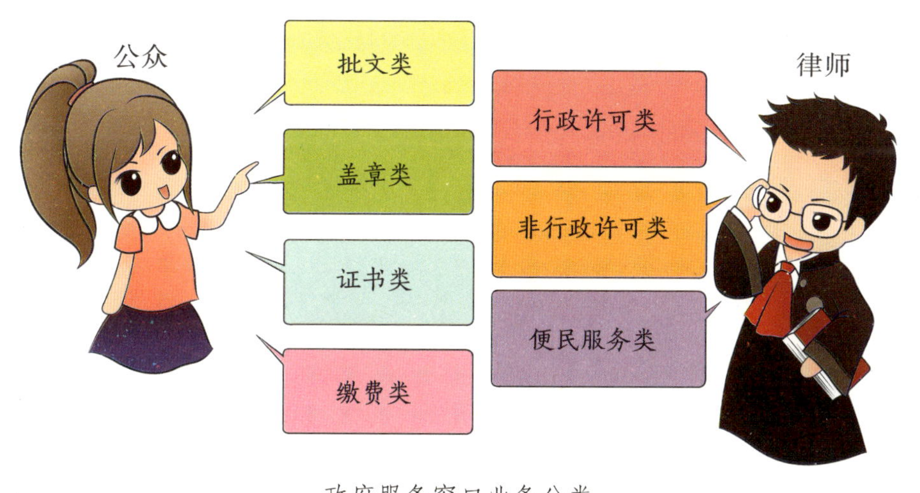

政府服务窗口业务分类

三、限时办结制

限时办结制是指办事对象到窗口办理审批事项,在符合法律法规有关规定以及申报材料齐全的条件下,窗口工作人员要在规定或承诺的时限内予以办结的制度。也就是说，办件要当场予以办理；承诺件要在承诺时限内办结；上报件要在规定的时限内上报上级部门，并及时与上级部门联系，帮助办理；补办件和退回件要在规定时限内告知申请人，并说明理由。

不会被拖延了

四、AB岗工作制

AB岗工作制是指窗口单位为确保其开设窗口在窗口工作时间内提供服务所实行顶岗或互为备岗的制度。即在本单位指定两个相近岗位互为AB岗，当A岗因故不在时，B岗自动顶岗，及时办理根据工作性质可以即时办理的一般性事情和紧急公务，以保证工作正常运转。AB岗分为两种形式：一是A岗和B岗在不同场所上班；二是A岗和B岗同在窗口上班，两个窗口办理同样的业务，实行互替。

AB岗的形式一

AB岗的形式二

五、一次性告知制

一次性告知制是指窗口人员对服务对象提出的申办事项，应一次性告知服务对象需要提供的申报材料和有关要求，对手续、材料不完备的，应一次性告知需要补办的材料、手续；对暂不予办理的，要一次性告知不予受理的理由的制度。一次性告知的事项，要以书面的形式告知当事人。

这就要求窗口工作人员必须熟悉本窗口办事项目的立项依据、受理对象、申办条件、所需材料、经办程序、承诺时限、办理结果以及收费依据与标准等内容，做好受理时的告知、解释和信息公开（含网上公开和纸质材料公开）工作，不熟悉业务的不得上岗。

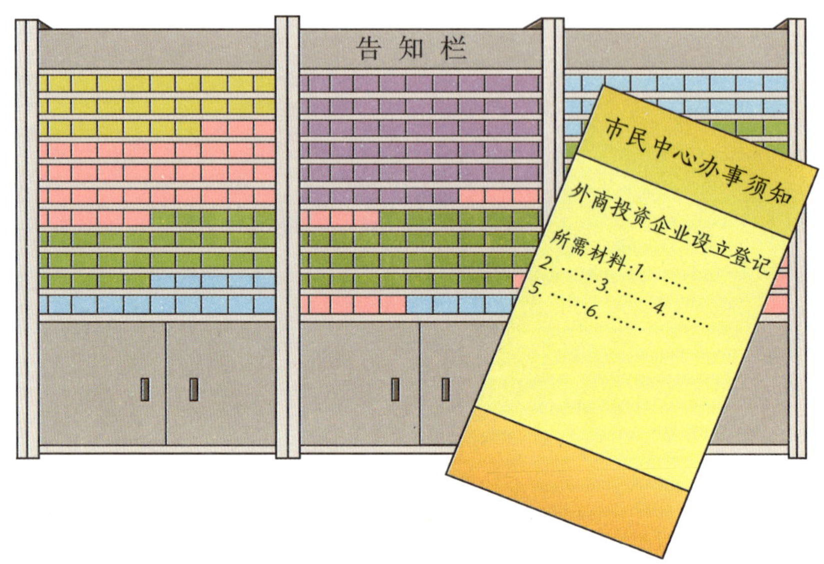

告知栏里“每个事项一张卡片”

六、首问责任制

首问责任制是指第一位接受来访、来电、来办事的本单位工作人员，负责现场处理或引导办理有关事宜，使之得以及时、有效办理的责任制度。“首问责任人”是指第一位接受来访、来电、来办事的本单位工作人员。对所有来电、来访、来办事的人员，第一个被询问人必须承担首答和接待的责任。

“首问责任人”应认真、负责地听取询问人需办理的事项。对“首问责任人”岗位职责范围内的事宜，“首问责任人”要及时认真负责办理。能立即答复的当场解答，并说明办结时限，不能当场答复的，有特殊情况的，向当事人说明情况，约定办结日期。

对属于“首问责任人”所在部门其他科室职责范围内的事宜，“首问责任人”要在简要询问有关情况后，将当事人引至或将当事人提出的问题转达相关科室处理；对不属于本局、本部门职责范围的事宜,“首问负责人”也应耐心解释,并尽所能给予帮助,如告知办事大厅进驻窗口单位名称及窗口位置、编号所办事项以及公共服务设施位置等。

想问就问,不会没人理你

七、政务公开制

政务公开制要求各政府部门必须将其政府审批服务相关内容以各种方式予以公开,供社会各界查询,接受事前、事中、事后三个环节监督。信息公开方式包括纸质查询、电子查询、网络查询方式。窗口政务公开的难点是要保持公开的内容与实际操作一致。

政府公开内容包括:① 事前环节(办事项目的立项依据、受理对象、申办条件、所需材料、经办程序、承诺时限、办理结果以及收费依据与标准等内容);② 事中环节(办事项目的受理时间、受理地点或窗口号、受理工作人员、审批人、审批完成时间、制证等信息);③ 事后环节(完成日期、领取时间、领取人等)。目前事中环节是政务公开的薄弱环节。

有收费事项的窗口单位必须公开收费项目、收费标准、收费依据（省市级以上有权标批准机关及文号）、收费范围（对象）、计算单位、物价部门和收费单位的投诉电话等公示信息。

网上都能查到

八、窗口收费

办事窗口直接收费具有办事快捷的优点，但其缺点是：① 影响窗口收费公开、透明原则；② 敞开式窗口无法妥善保管现金及支票；③ 验钞困难等问题存在。为此，敞开式窗口的办事大厅为加强窗口收费管理，规范收费行为，政府综合性办事大厅窗口提倡“统一收费”管理，但允许窗口安装非入驻银行的 POS 机刷卡收费。

政府综合性办事大厅要求办事项目进驻时，与之相关的行政事业性收费和经营服务性收费都应同时进驻。服务对象先在办事窗口开具统一格式的《缴费通知书》,再到办事大厅专设的收费窗口缴费,银行在《缴费通知书》上盖收讫章确认,开具发票凭证,再回到办事窗口继续办理业务。

统一到收费窗口缴费的好处

行政服务中心负责办事大厅收费窗口设置和银行进驻代收管理工作,监督管理窗口收费:① 是否严格按照规定的程序和标准收费;② 有无擅自设立收费项目、提高收费标准、扩大收费范围;③ 收费涉及减免优惠政策的是否及时公布并实行。

服务对象对窗口收费不满的可以向中心提出投诉,也可直接向物价部门或其他受理投诉部门提出投诉。

九、业务量统计

窗口业务量统计是一项重要工作内容,统计内容可以多种组合,比如按接待服务对象(客户)人次、叫号数量、某项业务的办件量、电话咨询量、每个业务用时长短、收费金额等。

在窗口业务相同的情况下，其统计内容一致时，窗口业务量可直接作为窗口工作人员考核考评内容。

考评好素材

第四章

窗口管理

一、工作时间……038

二、工作纪律……039

三、电子考勤……040

四、请假规范……040

五、叫号服务……041

六、服务评价……043

七、明察暗访……044

八、投诉处理……045

九、窗口培训……046

十、考评考核……047

十一、文体活动……048

一、工作时间

窗口服务时间(又称“窗口营业时间”)应由办事大厅管理机构决定并公布，对外公布的窗口服务时间一般常年不变，不作冬夏作息之调整。

办事大厅主入口须设置“窗口服务时间”标记牌，叫号机取号时间应与之相同。

窗口服务时间与政府机关工作相比，具有工作时间相对集中的特点，因此窗口服务时间可以相对具有上班晚、下班早、中间午休短的特点。有的办事大厅还特别规定了窗口内部考勤时间，以保证窗口工作人员的内部准备时间不影响对外服务，比如：有的办事大厅要求窗口工作人员上班提前15分钟、下班推迟15分钟，确保

工作时间

机关：	上午：	9:00～12:00
	下午：	2:00～5:30
窗口：	上午：	9:00～12:00
	下午：	1:00～4:30

窗口午休时间短了点

其工作人员有足够的时间提前做好上岗准备工作和下班前办完正在办理的业务。

二、工作纪律

由于窗口工作场所是公共场所，必须接受办事对象和其他社会公众的监督，所以窗口工作人员必须严格按照窗口工作时间要求准时上下班，不迟到，不早退，还应做到：

(1) 按窗口考勤的相关规定参加电子考勤。

(2) 规范着装、佩戴胸卡开展窗口服务。

(3) 保持窗口整洁、整齐划一，所有物品定置管理，不放与工作无关的物品（如贴纸、饰物、植物、食品饮料等）。

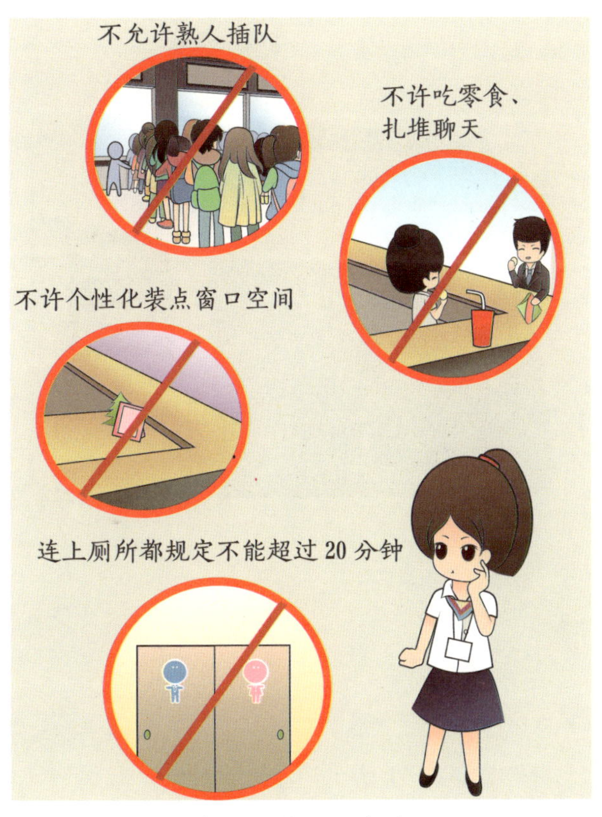

窗口纪律严了点儿

(4) 公平对待每一位办事对象，不允许熟人插队。

(5) 上班期间不空岗、不串岗、不扎堆聊天、不玩手机电脑、不吃零食、不吃早餐。

(6) 提倡微笑服务，严禁与办事对象发生争吵和肢体冲突等不良行为。

三、电子考勤

各类办事大厅对窗口工作人员须实行严格的考勤制度，县区级以上办事大厅大多数实行电子考勤，并规定工作人员（含替岗人员）必须参加电子考勤，窗口电子考勤通常为一天四次。

电子考勤具有采集信息量大、统计快捷、使用方便等诸多优点，主要有指纹考勤机、人脸＋指纹考勤机等款式。窗口单位单一的办事大厅（20 人以下）可以人工考勤和打卡。

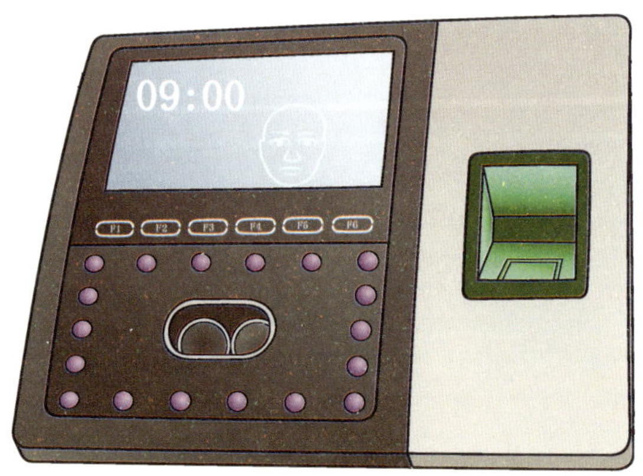

脸谱考勤机

四、请假规范

窗口工作人员不得擅离职守，因工作需要或其他原因确需离开岗位的，必须按规定办理请假手续，假期期满后，应及时销假。

窗口请假可分为小时假、半天假、半天以上假。请假方式为事先请假、临时请假、事后补假。

窗口请假的特殊性在于窗口工作AB岗制度。即窗口人员需要请假时,应事先通知窗口单位安排临时替岗人员,以确保窗口正常开展业务。若是政府类综合性办事大厅,则还需要向其日常管理机构行政服务中心呈上请假单,同时告知临时替岗人员姓名和联系方式。

窗口单位准假时要考虑替岗人员是否业务熟练并能胜任窗口工作。对业务相同且有多名工作人员的情况下,在业务不繁忙时期,可以不安排替岗人员,但行政服务中心对相邻窗口岗位不得同时准假,避免出现连续空岗。

短时离岗(一般规定20分钟内),无须办理请假手续。但必须放置“请稍候”标记,提示办事对象耐心等待。窗口休假无人替岗时应放置“今日休假”提示牌,并在下方提示“对不起,本人今日请假,急事请打电话1380571××××”。

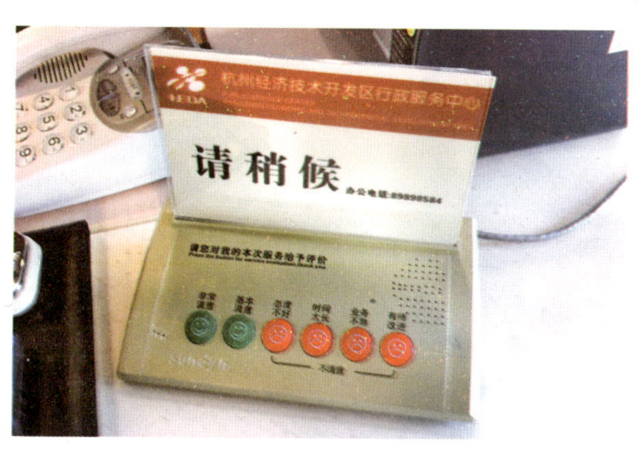

窗口短时离岗提示牌

五、叫号服务

为更好地引导公众到指定窗口办事,业务繁忙时避免窗口站着排队,目前多数办事大厅采用叫号服务,并同时划出等候区,配备等候椅,为办事对象能耐心等待提供良好的服务环境。

单一窗口单位办事大厅叫号机界面设置比较简单，只需注明业务类型或客户类型即可，如银行或中国移动。

多家窗口单位进驻的办事大厅叫号机界面可有多种选择：① 按进驻单位名称取号叫号；② 按业务名称取号叫号；③ 给特别繁忙窗口独立装一个叫号机。

叫号机

当一个办事大厅的业务（办事事项）多达数百项，不能在一个界面上体现时，大多数办事大厅采用进驻单位名称作首页界面取号，业务名称只能放在第二层说明和查询，但这种查询方式会让办事对象感觉不够便捷，最好在取号高峰时段提供人工引导(帮助取号)服务。

大厅各窗口上方显示屏要随时显示本窗口叫号办理情况，电

取号后可以安心等待

脑叫号显示屏要安装在大厅各显眼处（特别是各群众等待区的等候椅子正对面），叫号机声音大小要在不影响办事对象在窗口办事时口头交流的情形下适度选择。

六、服务评价

来自群众的评价很重要，这是关乎窗口服务形式是否继续存在的根本。因此，办事对象（客户）满意率必须作为窗口工作人员考核的一项重要内容。

窗口服务评价分为外部监督和内部管理两个部分，其中外部评价环节由三个部分组成：一是办事对象的“一事一评”满意率，二是聘请行风监督员组织明察暗访，三是满意问卷调查（委托第三方机构更佳）。

目前杭州地区办事大厅窗口安装了“一事一评”评价器如图。该型号评价器上共六个按钮，绿色为非常满意、基本满意，共两个；红色为不满意，共四个，分别为态度不好、时间太长、业务不熟、有待改进（如环境不佳等），便于整改。

谁会干傻事

第四章 窗口管理

七、明察暗访

明察暗访是指办事大厅窗口工作接受外部监督的一种重要形式，能充分弥补办事对象评价窗口工作的局限性，从而对办事大厅所有窗口做出全面客观公正的评价。明察暗访活动以采集影像、录音方式为证据，对严重违纪的窗口人员要求其当面签字确认。

提前通知窗口，告知检查活动的大致时间、检查内容为明察。

明察暗访活动一般由窗口单位的上级部门组织实施，也可以委托第三方机构进行。

政府综合性办事大厅明察暗访活动由政府监察部门组织实施。明察暗访人员由抽调机关干部、聘请社会行风监督员、邀请媒体记者等构成。

行政服务中心也可自行聘请社会行风监督员或委托第三方机构来组织明察暗访活动。

“防不胜防”的检查才有效

八、投诉处理

窗口办事过程中，办事对象（客户）会对窗口工作人员服务态度、办事效率、办件手续、收费情况、办理结果、服务环境等不满提出投诉。办事对象的投诉方式有现场投诉、电话投诉、网上投诉、信函投诉。

别样投诉，例外处理

第四章 窗口管理

与窗口工作相关的投诉受理、调查、处理、整改和记录是办事大厅窗口管理的一项重要工作,投诉意见可作为窗口服务整改的依据。

因此,窗口工作人员要充分理解办事大厅内设置投诉台、调解室和公开告知上级部门的投诉电话号码的必要性，积极配合窗口负责人和中心管理人员处理各类投诉,善于听取投诉人意见,属于无效投诉的要做好解释说服工作；属于有效投诉的要耐心向投诉人解释情况,达成谅解,办结投诉。

九、窗口培训

窗口工作人员必须接受上岗培训才能到窗口工作，培训内容可分业务培训和窗口岗位培训两部分，业务培训由业务单位或科室负责,窗口岗位培训由办事大厅管理机构负责。

政府办事大厅行政服务中心窗口培训内容主要是窗口礼仪、服务规范、窗口工作纪律、办事大厅基本情况(含窗口评价器、叫号

窗口培训不能占用工作时间

机、自助机)等,窗口培训资料包括“办事指南”、“制度汇编”、“中心简介”、“办事大厅电话号码本”等。

十、考评考核

窗口工作考评考核分月度考核、季度考核和年度考评。考评考核结果应与窗口工作人员奖金挂钩。窗口工作人员的考核可采用十分制、百分制。

考评考核的主要内容有:工作纪律、业务情况、投诉处理、群众评议(服务评价)等。

窗口荣誉称号有:“服务示范岗”、“优秀窗口负责人”、“先进单位”、“满意单位”、“最佳窗口”、“满意窗口”等。

政府综合性办事大厅由行政服务中心负责窗口考评考核工作和窗口工作人员、窗口单位的考核奖励资金发放。

窗口考核奖励力度大

十一、文体活动

为增强窗口的凝聚力和向心力，管理部门可依托文体活动为载体，推动窗口文化建设。通常政府综合性办事大厅会发挥工会组织优势来保障资金和场地，开辟相应的图书室、活动室、窗口专栏。通过定期开展各类文体活动，活跃窗口人员文化生活，帮助窗口工作人员在紧张工作之余，放松心情，陶冶情操。

适合窗口午间锻炼活动的项目有：台球、乒乓球、羽毛球、篮球、排球、瑜伽、棋牌等。

适合窗口午间比赛的项目有：演讲比赛、摄影比赛、书画比赛、个人跳绳比赛、跳长绳比赛、拔河比赛等。

此外，每年应组织1～2次集体活动，比如举办文艺演出、组织三八节春游或野外拓展等。

集体活动

第五章

办事大厅管理

一、咨询引导……050
二、自助服务……050
三、数据统计……051
四、服装管理……053
五、窗口调整……054
六、服务时间……055
七、日常巡查……056
八、物业管理……058

一、咨询引导

由于窗口人员在工作时间内不能随意离开岗位，办事大厅无论大小,都必须设置服务台和指派专人做好咨询引导服务。

大型办事大厅应在主入口、每层设置总服务台(咨询台),每个服务台应配备两名以上工作人员，可提供定点和流动咨询引导服务。小型办事大厅可设大堂经理负责现场设备和人员管理。

总服务台(咨询台)服务内容包括:人工咨询、电脑查询、电话咨询、现场投诉、意见箱、叫号机系统设备管理、取号服务、意外事件处理和报告、大厅宣传品或资料发放、包裹收发、报刊发放、便民服务管理(老花镜、药品箱、针线包、手机充电器)等。

总服务台是进大厅第一张笑脸

二、自助服务

为推进“网上办事”,减轻窗口人工服务压力,各类办事大厅(营业厅)纷纷设立自助服务区,统一添置电脑供办事对象上网查询或办理业务,同时鼓励窗口单位到大厅安装自助机,对一些简单量大的窗口业务项目率先实行自助服务。杭州已推出自助机服务的政府部门有社保部门、税务部门、市民卡有限公司等。

上海市浦东新区某单位自助区照片

随着大数据云计算技术的不断发展，在政府综合性办事大厅安装的自助机将不断增多，"网上办事"和窗口人工服务两种形式将在五年甚至十年内共存互补。

各种自助机款式，可惜不够统一整齐

三、数据统计

对于任何办事大厅来说，窗口业务量和接待人次是两个重要的监管数据，也是科学反映办事大厅业务繁忙程度的重要指标。窗口单位依靠窗口业务统计数据来科学合理选择营业网点、决定开设窗口数量、分析业务发展趋势。

有的办事大厅不同窗口因业务不同，有时存在用时长短不一、流程不一、收费标准差异等因素，各窗口业务量并不能简单、直接用于窗口人员和单位的考核指标。

以政府审批部门业务为主的办事大厅，针对承诺件业务需要办事对象咨询、受理和取件往返多次的特点，可选择窗口接待人次总量（即叫号数量）作为业务繁忙指标，这样更加科学。

盈利性窗口单位办事大厅可以选择收费总额作为总量指标。

一件很难的事

四、服装管理

采用统一着装的政府办事大厅，必须配备更衣箱和指定男女更衣场所，同时应设窗口服装管理专职人员，负责服装采购和日常管理。其中：

(1) 服装采购工作包括面料、款式、数量、颜色选用工作和服装招投标及合同订立工作。服装使用年限为2～3年。

(2) 服装日常管理工作包括窗口人员变动带来的服装定制、借用、回收、服装定制费用支付、服装管理台账工作。

(3) 服装管理的其他相关工作，如服装使用情况调查、厂家考察监制、同行服装取经等。

非全员配备工作制服的窗口单位越多，中心需要准备临时借用的服装量就越大。

服装管理的烦恼

五、窗口调整

由于办事大厅采用统一标识、统一设计，办事大厅越大窗口调整成本越高，因此，办事大厅窗口调整最好集中调整。

窗口调整需要成本

窗口调整时,有关的标识导示都要做改动,如叫号机、窗口分布图、窗口桌签、窗口工作人员胸牌、网上政务公开信息、办事指南、告知单、电脑专线、电话号码调整、办事大厅电话号码本等。

六、服务时间

在实际工作中,对外公开的窗口服务时间并不是办事对象、窗口工作人员双方可以共同认可的时间,相反,由于办事大厅各种时间不一致所引起的投诉占总投诉的比率相当高。因此,办事大厅管理必须包括服务时间管理。

服务时间管理的主要内容是:

(1) 确定及公告窗口服务时间(包括临时调整公告)。窗口服务时间应由办事大厅所有窗口单位能正常开展窗口业务的最短时间决定,允许个别部门推出各种便民服务措施,如推出中午值班双休日加班等临时性、小范围的便民服务。

(2) 定期校对标准时间。为确保大厅叫号机、窗口考勤机、大厅时钟、大厅上下班音乐播放的时间一致,必须及时校正时间偏差,至少半个月一次。

(3) 定时报时或播放上下班音乐。每天可播放四次,上班提前数分钟播放,选择欢快、激昂的音乐,下班应准时播放,可另选悠扬、轻松的音乐,3～5分钟为宜。

(4) 选择合理叫号机取号时间。办事大厅业务繁忙季节可以提前在叫号机取号;或者为避免加班时间过长,对个别复杂或繁忙的业务实行下班提前停止取号的办法。

设定统一的报时很重要

七、日常巡查

行政服务中心须安排办事大厅日常巡查值班表，巡查小组可由中心管理人员、窗口单位负责人和柜长组成，巡查小组的主要任务是：

(1) 检查上班到岗情况(上午和下午各一次),确保各窗口准点开始办理业务;

(2) 中间抽查 1～2 次,主要是查有无空岗和违反工作纪律;

(3) 下班检查电源关闭情况、加班情况等;

(4) 检查大厅公共系统运行是否正常;

(5) 处理突发情况。

其中窗口单位负责人或柜长值日时，以不影响自身工作为前提参与中心组织的巡查。巡查人员应在“日常检查记录表”上做好记录并签字,作为窗口考核的依据。建议有条件的办事大厅设立视频监控以代替人工巡查。

窗口新人很快记住扣分事项

八、物业管理

通常,行政服务中心委托专业物业管理公司负责办事大厅的物业管理。由物业公司提供的服务内容有保洁、保安、监控、绿化、内部停车和外部停车管理等。办事大厅的物业管理特点主要有:

(1) 办事大厅分内外两个工作区域,一般窗口内部区域保洁由窗口工作人员负责,外部的公共区域保洁工作由物业负责,以柜台为界。

(2) 办事大厅公共区域地面应保持干燥,以免人员滑倒。雨雪天门口应提供伞袋,设置“小心滑倒”提醒标志,并在门口设立雨伞存放架寄存。等待区设有饮水机的,必须定点查看清理水迹。

(3) 办事大厅监控应安排人员值班, 确保上班时间内运行良好。要随时为中心或窗口人员提供查看便利,以便及时处理各种违纪事件和意外事件,方便办事对象查找遗失财物。

(4) 物业负责办事大厅公共区域的设施安全检查和报修,特别是办事对象(包括小孩、老人)涉及的椅子、楼梯扶手、电梯开关等的日常检查和维修维护。

(5) 规模较大的办事大厅应设有内部的商务中心,能提供复印、传真、电邮打印等服务,可由物业负责或外包其他公司管理。

遗失物品和突发事件都需要查看监控

第六章

办事大厅建设

一、总体要求……060
二、方案准备……061
三、办事大厅地点选择……062
四、办事大厅功能分区……062
五、办事大厅导示系统……065
六、办事大厅主入口设计……069
七、办事大厅内部设计……071
八、办事大厅建设发展思考……089

一、总体要求

办事大厅建设的总体要求是在打造一个开展"一站式"窗口服务的业务平台的同时，打造一个环境优美、办事方便、群众满意的公共场所。因此，从降低成本、便于运行的角度出发，办事大厅扁平化布局优于垂直多层布局，要尽量把所有窗口压缩到一个楼层或两个楼层的布置。

较多采用1～2层布置

较少采用多层布置

二、方案准备

办事大厅建设第一步是确定方案，主要是先初定入驻办事大厅的窗口单位名称和工作人员数量，预测办事大厅业务总量、服务对象(客户)类型、大厅人流量等数据。了解窗口业务名称、所需网

精心筹划

路专线种类、内外网隔离等特殊要求，预估窗口内部工作区域和对外公共区域及大厅功能分区，确定办事大厅面积要求。

三、办事大厅地点选择

办事大厅地点应选在城市主要道路上的办公大楼底层，应具有公交便利、停车方便的优点，周边银行、餐饮、邮政、复印等服务配套齐全。

办事大厅地点大致有三种选择：一是利用单位自建大楼底层；二是建造办事大厅专用楼；三是租用写字楼或商业大楼底层。

政府类办事大厅地点选择一般为第一种和第二种。其中第二种常使用于政府综合类办事大厅，适用于多部门集中进驻，开设窗口，并设立行政服务中心作为办事大厅日常管理机构。由于建造办事大厅专用楼是同级政府的一件大事，所以，能选得区域性最佳位置，公交线路会比较完善，甚至可以直接获得始发站命名。区域性导示也格外醒目便捷。如“浦东市民中心”、“杭州市民中心”。

银行、国家电网等各营业网点往往会选择第一种和第三种，并且以第三种居多。

选择中心地段

四、办事大厅功能分区

办事大厅无论大小主要都是由内部工作区域、外部公共区域两个部分构成。办事大厅面积是窗口管理的一个重要指标,一般是指外部公共区域和内部工作区域的窗口工作人员工作区的两部分面积的总和。

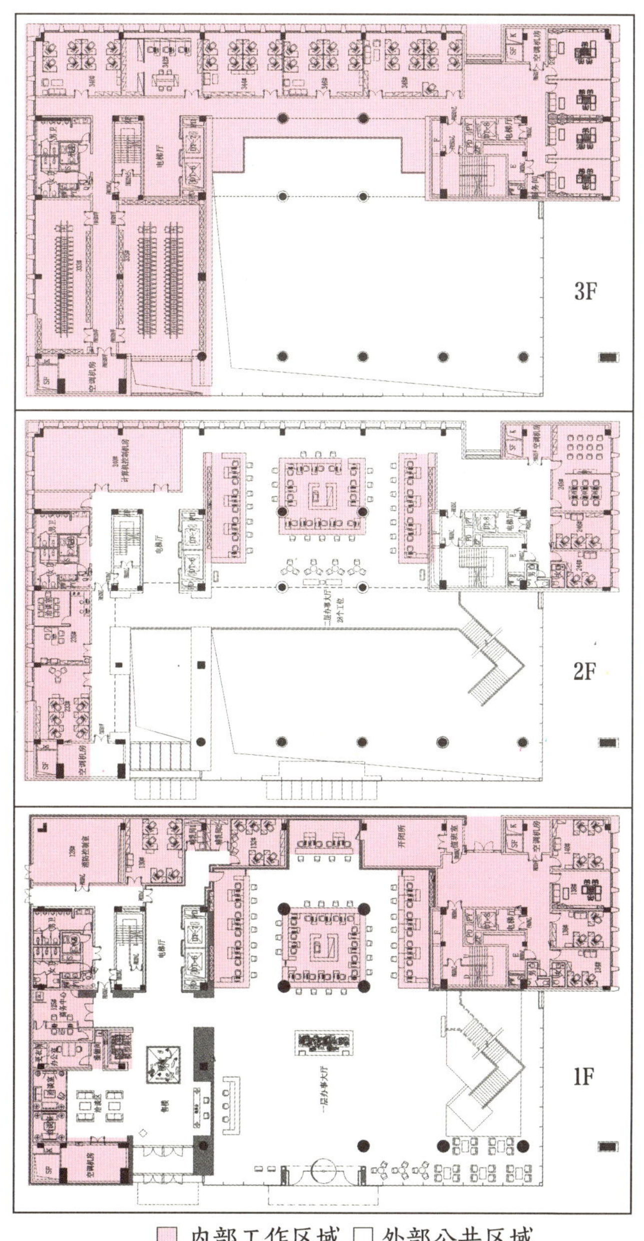

办事大厅设计图

外部公共区域对外开放，办事对象可自由出入。其功能分区包括主入口咨询服务台、等候区（设有等候椅、资料架等）、自助查询区、拍照室、高峰排队空间预留区、商务中心、收费银行自助机及收费窗口、卫生间等。

未经允许，办事对象不得进入的区域称为内部工作区域。其功能分区包括窗口人员工作区（包括窗口后台办公室）、资料柜、档案库房、更衣室（或柜）、休息室、会议室、监控室、办公室内部食堂等。

规模较大的办事大厅占2层或2层以上时，公共区域除设有步行楼梯外，还可安装自动扶梯方便办事对象上下楼。其等候区可视需要多设几个，并配备饮水、报刊、电视机、宣传栏、绿化造型等。有条件的办事大厅专用楼食堂、地下停车场可对外开放，收费营业。

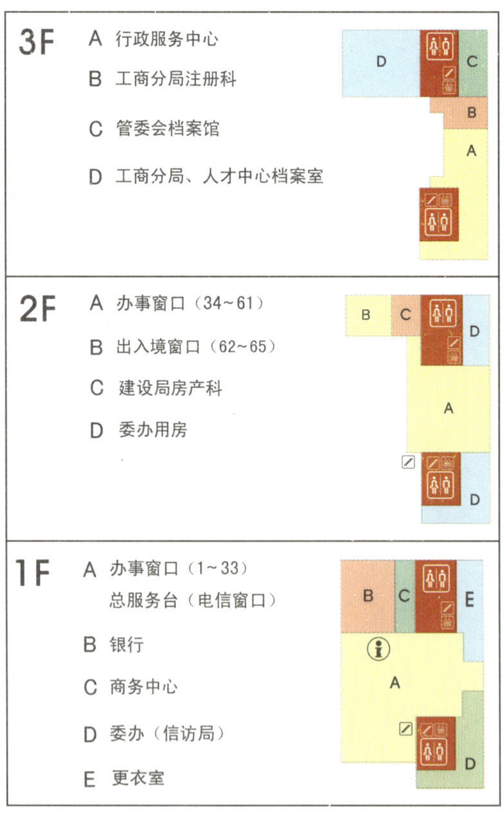

办事大厅功能分区示意图

五、办事大厅导示系统

办事大厅的导示系统由LOGO、室外导示、室内导示、规模较大的办事大厅特有导示四个部分组成。

（一）LOGO选用

目前，越来越多的办事大厅在其导示系统设计中都采用了本单位或本公司的专有LOGO，比如公安局、税务局、国家电网、中国移动等。这些窗口单位的办事大厅往往采用“统一标记、统一标识、统一服装”的特装方式面对公众，并在全国上下形成了窗口建设的行业规范和标准。

然而，对于政府举办的综合性办事大厅导示系统设计中是否专门设计一个LOGO，全国尚无统一做法。为此，一些地方政府，比如上海市的“浦东市民中心”和杭州市的“市民之家”，为突出区域经济文化发展特色而精心设计一个专用LOGO，同时对入驻窗口单位的各种LOGO采用集中方式予以弱化体现（即相关窗口不能采用特装标识），以此来提升其综合性办事大厅的整体形象。

专属LOGO

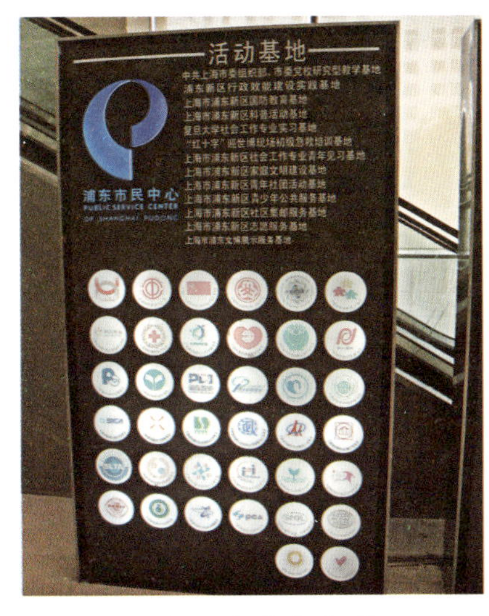

LOGO的集中体现

绝大部分开发区综合性办事大厅在其导示系统设计中都采用了开发区的现有LOGO，比如杭州经济技术开发区市民中心。同时，国外政府部门有的直接采用国徽或国旗作为专用LOGO，这也是一种不错的选择。

（二）室外导示牌

作为一级导示系统的标识牌，室外导示牌是一个区域或主题的核心展现，因此，政府综合性办事大厅的室外导示牌除了常规的附近道路导示和建筑物导示标识外，其主入口标记标识牌必须包含的内容有：办事大厅名称、门牌号、窗口对外服务时间（应注明周六周日是否开放）等，一般采用外墙挂金属牌的方式。

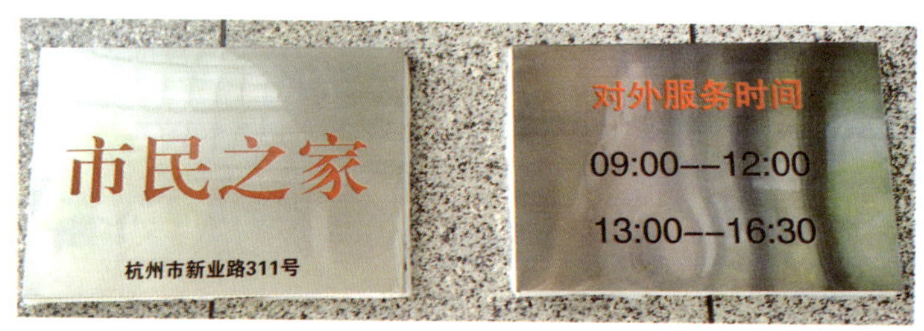

办事大厅主入口室外导示牌（一）

特大型办事大厅专用楼主入口，可考虑再增加楼层主要分布示意图的室外导示牌，设计时，除应确保其具有抗倒伏、抗锈蚀性

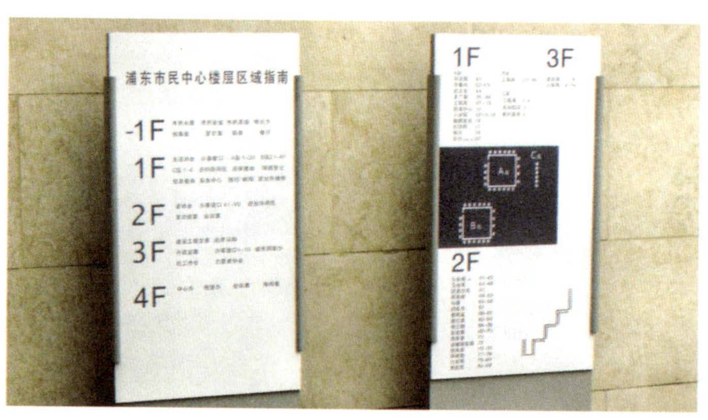

办事大厅主入口室外导示牌（二）

能外，还应考虑夜间显示性能，此外，导示内容的设计应考虑内容变更的成本。

（三）室内导示牌

室内导示牌属于二级导示系统的标识牌，主要用于分区域、分主题或区域次要入口，如办事大厅总布置图、窗口号、门牌号、名称标牌等，其中窗口工位和窗口单位告知牌上要含办事大厅名称、对外服务时间、咨询电话等信息。

办事大厅主入口室内导示牌(一)

属于三级导示系统的标记标识牌为内部常规导示，有窗口桌签、办事内容查询、自助机名称及位置、叫号机取号标识牌、投诉箱、意见箱标识等，大型办事大厅的叫号机旁应加窗口指南性导示牌。

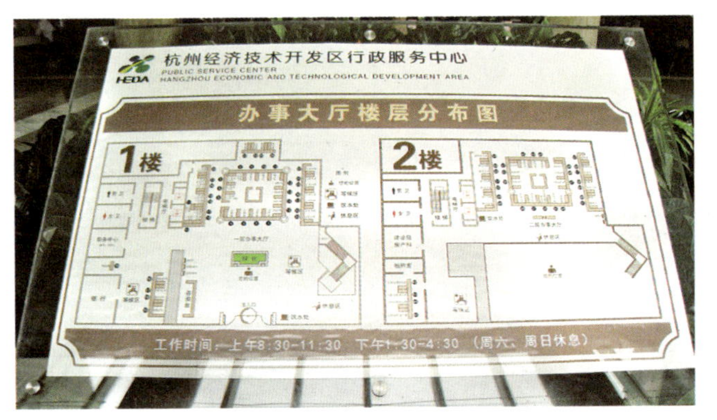

办事大厅主入口室内导示牌(二)

（四）规模较大的办事大厅特有导示

窗口实行统一编号并采用灯箱式显示，灯箱箱体在大厅装修时加以固定。在这种情形下，办事大厅导示系统设计要完整，主要有各层窗口分布位置、楼层导示牌、平面图标识牌、全部公共区域楼层功能分布图，用于警示、提示牌证等。

同时要考虑大厅窗口单位调整因素，来做好移动性标记标识牌的选型工作，以便于窗口单位及窗口号调整，该部分内容可采用磁吸金属插条式（价格高）或贴纸式（欠美观）。

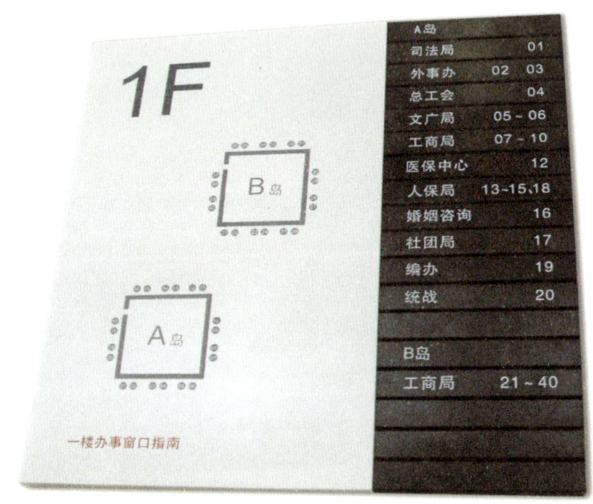

窗口单位和窗口号制成插条式

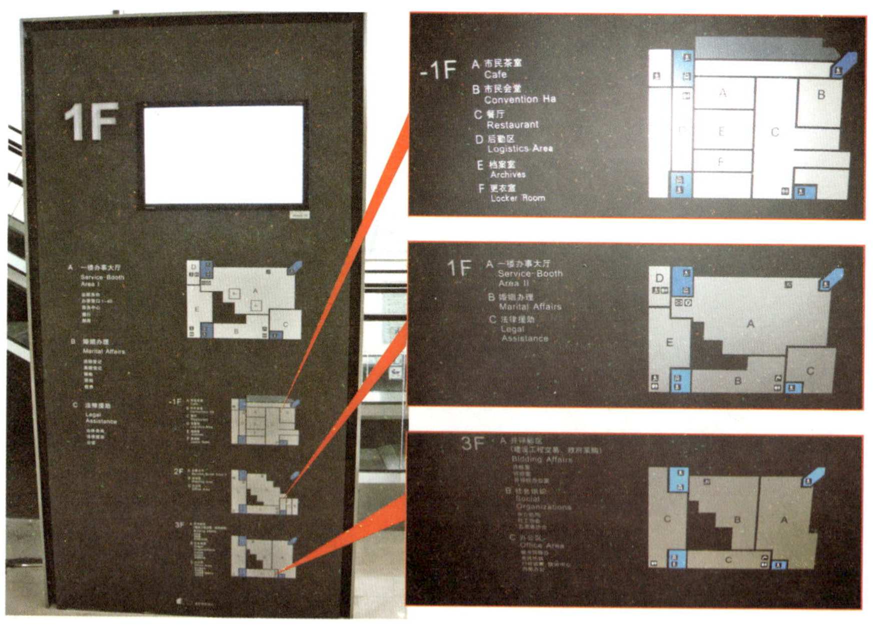

办事大厅主入口室内导示牌（三）

六、办事大厅主入口设计

办事大厅主入口设计既要体现使用单位的形象，还要考虑安全和节能的因素。政府综合性办事大厅宜庄重简约,不要过于富丽张扬。

(1) 主入口应考虑整体人流的走向来合理搭配布局。根据中国的气候条件,主入口大门朝向东南为上,西北为下。

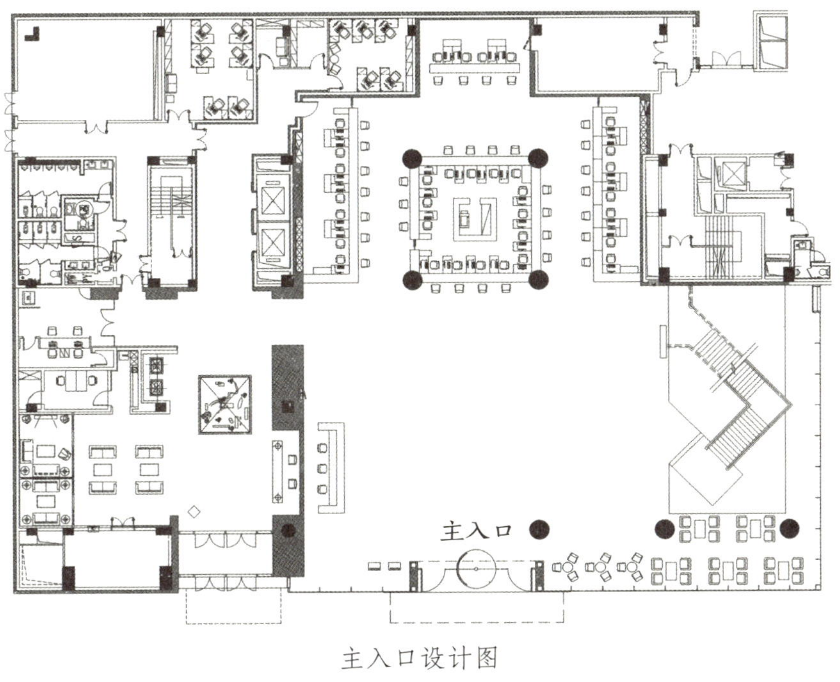

主入口设计图

(2) 大门应开在整个办事大厅的正中间，门框方正布置为佳。大门门框室内上方最好设置大型时钟,显示统一时间。大门口还应留出室外主导示体(牌)的固定位置。

(3) 主入口大门材质大多是透光良好的玻璃门，有自动移门、旋转门、手开门等形式,最好考虑采用风幕机。旋转门美观节能但可靠性较低(易发生夹人事故),二道门结构更能减少室内外空气

保温节能大门(二道门式)

保温节能大门(旋转门式)

交换而节省空调暖气。

(4) 多雨雪地区的办事大厅的主入口应有雨篷结构设计，如钢化夹胶玻璃雨篷式防雨屋檐。地面采用不锈钢格栅地垫或铝合金防尘地垫。

地面应用吸水防滑地毯

(5) 规模较大的办事大厅主入口门外最好有一定面积的门前广场，广场上不要有大树、电线杆等引雷电的突出物，划出电瓶车、自行车停车区域。门内大厅应留出足够的空间，以接纳休憩等待的人群。

七、办事大厅内部设计

办事大厅内部设备和管理系统比较特殊且种类繁杂，因此可按安装位置分内部工作区域和对外公共服务区域两部分来设计，并注意以下几个特点：

（一）窗口内部工作区域

☞ 1. 窗口统一编号及显示

办事大厅的所有窗口都应按数字顺时针统一编号，多楼层时也应统一编号，窗口编号用灯箱显示会更醒目。特大型办事大厅还可加区块编号，如A区21号窗口或B区的57号窗口。

阴雨天灯箱效果更佳

☞ 2.窗口工位监控系统

通常，为妥善处理和应对窗口突发情况，越来越多的办事大厅

窗口工位监控系统

都安装了窗口工位监控系统。监控画面应包括主入口、总服务台、自助机、等待区、每一个窗口工位及办事人员，但不包括卫生间、更衣室室内。这套系统可以连接大楼物业监控室，也可以连接办事大厅管理办公室。

接口宁多勿少

3. 窗口工位布线

办事大厅装修时应在每一个窗口工位布线，安装足够的综合接口。虽然有的窗口业务实行内外网隔离而需要安装两台电脑，有的窗口业务需要安装两部固定电话，即内部电话与热线咨询电话分开，以保证电话畅通。有的窗口业务则需要装传真机或银行 POS 机等，但在装修设计时最好整齐划一，并多预留线路和接口，以便今后的窗口分配和调整。

4. 窗口工位用电计算

建议办事大厅窗口工作用电按每个工位 1000～1500 瓦计算，再加上辅助用电量。所用用电插座可视实际情况选用，就近布置。未设开水房的办事大厅需布置饮水机来解决窗口人员饮水问题。窗口工作用电设备有电脑、票据打印机、传真复印一体机、塑封机、扫描仪、大功率打印机等，辅助用电设备为电风扇、饮水机、加热器、吸尘器等。

窗口工位用电量按 1000～1500 瓦计算，适当考虑其他辅助设备用电，如塑封机、扫描仪、大功率打印机等。

电脑 400 瓦 / 台　票据打印机 80 瓦 / 台　传真复印一体机 500 瓦 / 台

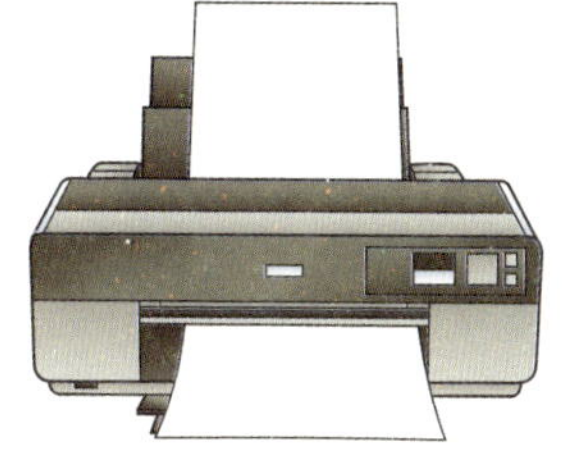

工作用电设备

电风扇 50 瓦 / 台　加热器 800 瓦 / 台　吸尘器 700 瓦 / 台　饮水机 500 瓦 / 台

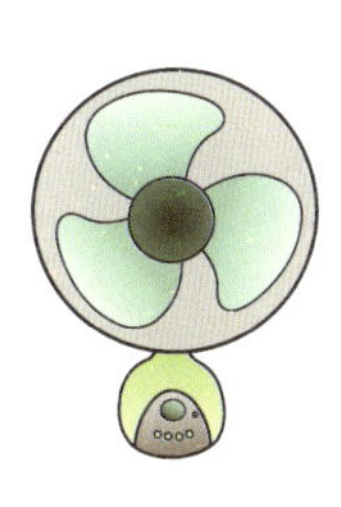
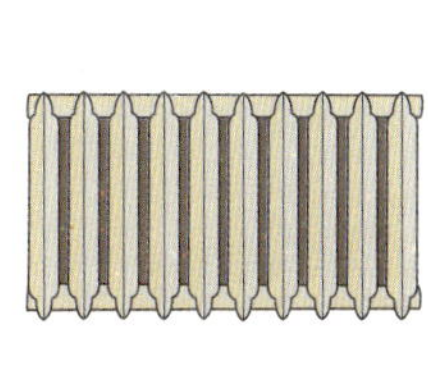

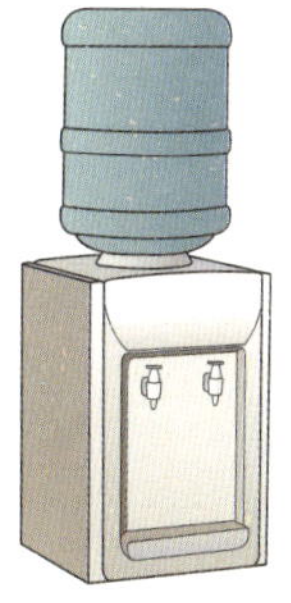

辅助用电设备

5. 窗口照明系统

在办事大厅的照明系统设计中，要特别注意窗口照明系统的设计，由于窗口人员是固定工位上班，不能长时间处于刺眼状态，因此必须确保每个窗口灯光均匀，多用漫射或散射光。不得采用射

长时间照射窗口人员眼睛受不了

灯直接照射。

2010 年以来，许多办事大厅采用了落地窗设计，窗口工位布置时需避免落地窗阳光的地面反光污染，个别窗口实在不能避免，可以用大株植物来遮挡。

落地窗的地面反光有时也难以忍受

6. 窗口台面设计

办事大厅敞开式窗口的台面台板高度在 70 厘米左右。台面应选深色易清洁的材料(主要是防止墨水笔污渍和印泥污渍)，同时台面做得不要太光滑，防止资料滑落或吹落。

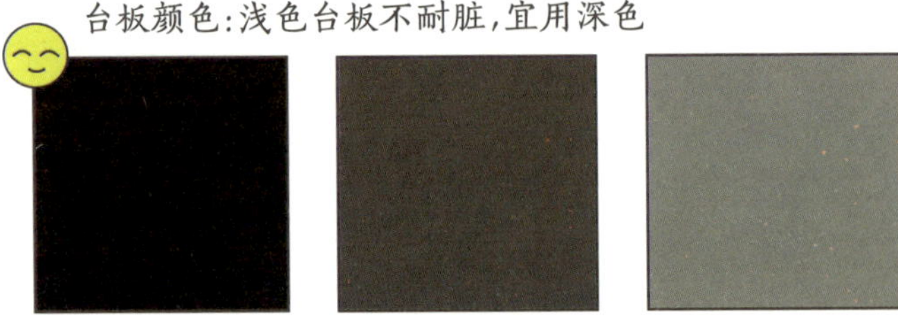

白纸黑字的提交材料在深色台面上看起来比较舒服

台面台板的两种选择：

硬度大、辐射小的天然石材

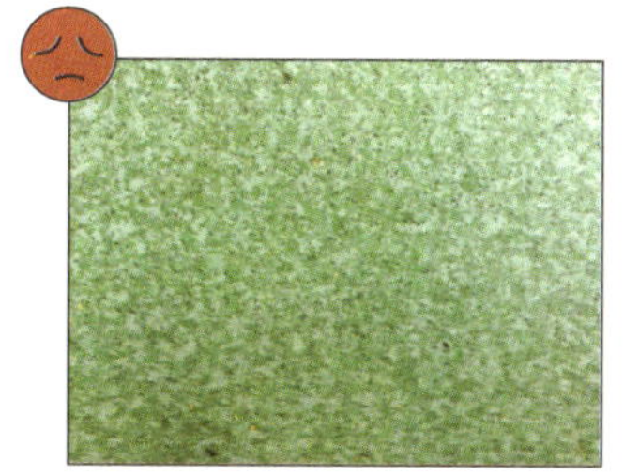

易开裂、不耐脏的人造石

天然石材台板好漂亮

7. 窗口办公桌布置

窗口办公桌尺寸一般比较小，长度范围为 140～160 厘米，宽度范围为 60～80 厘米。窗口办公桌有两种摆放方式。政府综合性办事大厅通常选择与柜台垂直的摆放方式，并给窗口工作人员配备转椅。这种方式的优点是递交资料方便、纸笔交流无障碍、窗口工位可以放置较多的办公设备与物品。

办公桌与柜台垂直摆放

办公桌与柜台平行摆放

8. 电子考勤系统

办事大厅电子考勤系统由若干个电子考勤机和一个终端处理器组成，厂家安装设备时，会同时安装特定的考勤软件，因此，购买考勤机时应包括软件使用培训及维护。由于个别人员的指纹太细或手指受伤会导致指纹考勤机失灵，所以大型办事大厅在配备多台指纹考勤机时，可再加一台脸谱视频考勤机。考勤机应安装在内部工作区域，窗口人员上下班途经过道，如柜台内部、内部电梯口、中心管理办公室过道或柜台内。

内部电梯安装位置

考勤数据汇总的专用电脑应置于管理办公室内，须设管理密码，由专人负责处理考勤记录。

“这几天汇总考勤数据，我很忙。”

9. 满意度评价器系统

“一事一评”评价器是办事对象表达窗口服务满意度的最直接最简单的方式。大多数办事大厅里的窗口都有这个小小评价器，为加强窗口的外部监督发挥了重要作用,但是在实际使用过程中,这种外部评议的方式也有局限性,需要在今后的窗口管理工作中加以改进和创新,扬长避短。

评价器有局限性

☞ 10. 更衣室

配备统一工作服装的办事大厅必须为窗口工作人员提供更衣场所和更衣衣柜。对窗口柜台内没有内设办公室的办事大厅应设立单独的男女更衣室,内置个人存放衣箱、长凳、衣帽架。

(二)对外公共服务区域

☞ 1. 总服务台

总服务台设计时,服务台高度可选择工作人员站式服务或坐式服务方式,服务台外形可选择开放式(有 U 形、O 形、口形、L 形等)和半封闭式。开放式布置,进出方便,适合一人双岗:咨询岗和引导服务岗;封闭式布置,适合大型办事大厅咨询岗、引导服务岗,应设多人服务。工作人员总人数比较少的办事大厅,建议选择开放式服务台，便于总服务台工作人员进出兼做自助机咨询、叫号机取号服务。

开放式总服务台

半封闭式总服务台

2. 叫号系统

在办事大厅装修前，应确定叫号机位置和叫号显示屏幕的位置，统一布线、统一叫号。多楼层大型办事大厅的各个楼层叫号系统可独立布线安装。

个别业务量大的窗口需要单设叫号机的，在单设或今后加设时,必须注意多个叫号系统的叫号声音会相互干扰问题。为避免影响大厅的整体叫号质量，在加装和单设的个别窗口区域应设立独立的等待区,叫号调至静音,单靠显示器提醒即可。

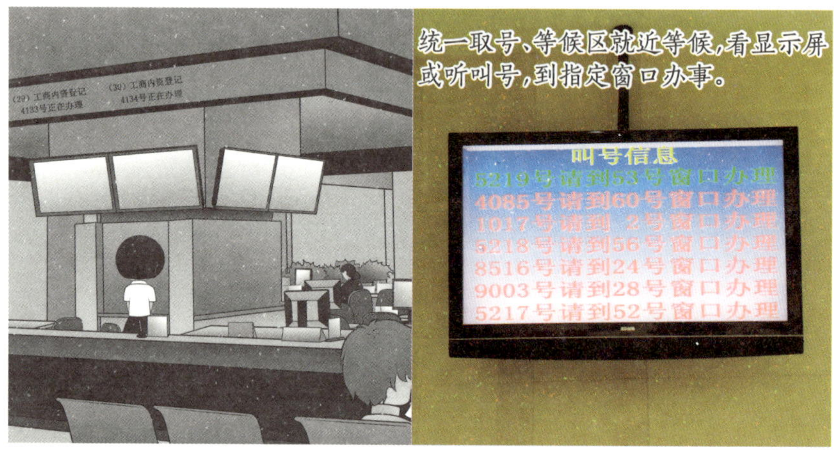

叫号信息显示屏很重要

特殊情况：有楼上楼下之分的办事大厅可采用分楼层取号的设计,新增的窗口、办公室改建的窗口、特别繁忙的窗口单独设置叫号机。

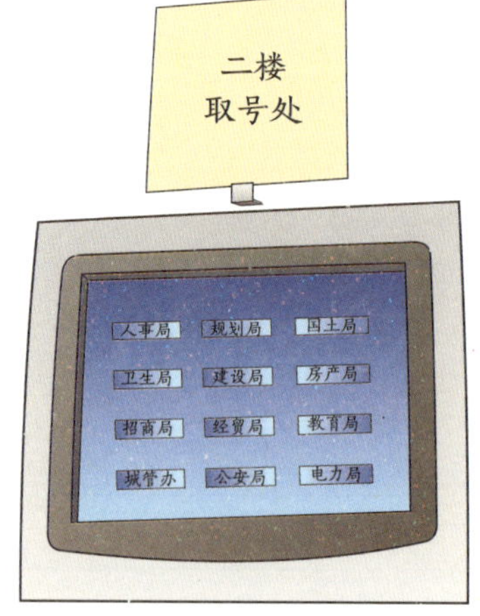

导示图查得该上二楼取号

☞ 3. 自助服务区

2010年以来，网上申请类、终端查询类的窗口业务越来越多，办事大厅里的自助机种类也将越来越多。因此，办事大厅建设者必须事先了解已有自助机种类，充分给出预留发展空间，来做好自助区域的空间设计、地埋布线设计等。一般可根据相关窗口就近原则设置安装地点，便于相关窗口工作人员就地服务和解答。还可以集中在大厅查询机处布置，统一安排人员服务和解答。

自助区设计任务：位置安排、工位布线、电源线

☞ 4. 等待区

等待区的基本特点是有等待椅和叫号显示屏，还可以加上其他元素如填写桌、报刊资料架、饮水处等，为避免儿童烫伤或有人滑倒，有条件的办事大厅可设直饮水。

等待椅与填写桌组合

等待椅与显示屏组合

第六章 办事大厅建设

☞ 5. 宣传区

宣传区可设在相对比较安静的休息区附近，方便窗口工作人

员、办事人员相互交流和集中休息。

宣传区内可放置政务公开资料告知栏、窗口管理宣传栏、公众意见收集栏等内容。在展示政务公开资料、窗口集体活动、岗位评选活动、窗口工作简讯、窗口业务办理相关的临时通知等的同时，还可以设置“听政于民、问计于民”问政屏，搭建人民参政议政的平台。为了保持办事大厅的整洁，在办事大厅内摆放或悬挂的宣传品必须预先在宣传区统一布置设计。

休息区

告知栏（政务公开信息资料）

宣传栏（展示窗口活动、评先活动、窗口报道、临时通知）

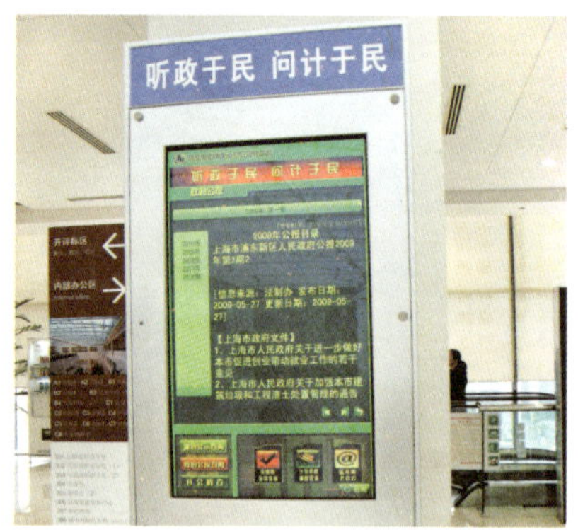

问政屏（政府与公众的互动交流）

6. 空调系统

办事大厅的空调设计时，应保证大厅的每一处温度均匀一致，顶部进出风口、侧面进出风口布置应尽量避开窗口工位位置，并选择外部工作区域。如果多层办事大厅采用了挑空大厅，由于“烟囱效应”，就更难做到各楼层温度均匀。

挑高的大厅会有“烟囱效应”：夏季冷气往下沉，楼下偏冷楼上偏热，楼上要空调开大，楼下要关小。冬季暖气往上升，楼下还是偏冷，楼上偏热，楼下要开大，楼上要关小，物业人员将无所适从。

如果空调设计时没有预先设定，所有窗口工位，则可能会出现风口直对某个窗口的情况，由于窗口人员无法避开，很容易发生感冒、头晕、烦躁的情况。但是大厅服务对象是流动的，将风口对准公共区域相对比较合理。

直吹的待遇也怕啊

众口难调

☞ 7. 卫生间

政府综合性办事大厅的卫生间都对外开放，而且大多数是不单独设置内部卫生间的。卫生间面积设计要考虑使用人数和性别比例，并附有叫号功能。考虑到两性使用卫生间的平均时间不同，建议此类办事大厅的女性厕位应比男性多一倍以上。

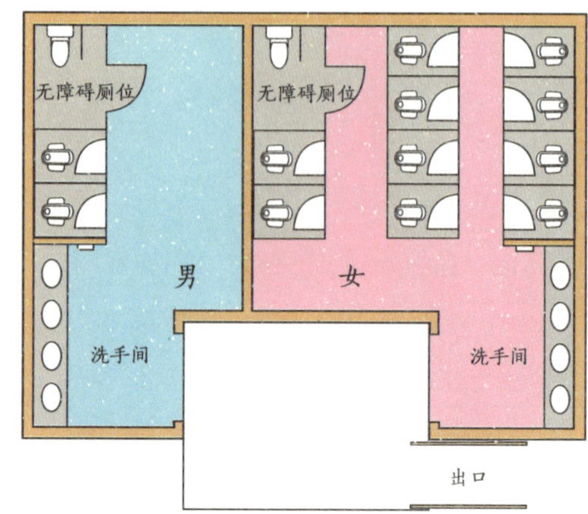

卫生间面积分配应女多男少

政府综合性办事大厅窗口工作人员中女性比例高达 70%以上，办事对象中，特别是办理人事档案、工商、社保等业务的企业文员也是女性居多。

☞ 8. 大厅地面及景观

办事大厅的地面设计必须把防滑放在第一位，地面应选择防滑易清洁的材料，办事大厅地面和楼梯设计要多选择防滑地砖，慎用辐射强的石材。由于办事大厅是公共场所，还必须设置无障碍通道，利于轮椅通过。办事大厅通常会添加一定数量的绿色植物来改善空气质量，大型办事大厅还可设计一个室内水池来调节空气湿度。

大厅地面太滑了

大厅绿化多空气好

有水景空气不会干干的

喷泉声音太响了，关掉吧！

☞ 9. 窗口办事椅子选择

在办事大厅建设中，除窗口工作人员使用的转动椅子外，必须更加重视办事大厅公共区域的椅子选型工作。办事大厅公共区域的椅子主要有三类：一是窗口办事时办事人员座椅，安放在柜台外侧；二是办事人员等待椅或休息椅，一般选择不宜搬动的款式，安放在等待区休息区或大厅边角处；三是填写凳，一般选择固定式，放在填写桌旁。因此，我们有必要对第一类椅子的选择加以探讨。

窗口办事人员座椅有固定和非固定两种形式。固定式椅子无须办事人员复位也能保持大厅窗口的美观整齐，因而受到许多新建办事大厅管理单位的青睐。但是大多数办事大厅依然选用非固定式椅子，这种椅子具有选择余地大、采购更换方便、舒适度强等优点。

窗口办事人员座椅一般按窗口数量一比一配置，但是考虑有的窗口业务必须多人到场办理，如婚姻登记、房产过户等，所以窗口办事椅子可适当多配一些。

☞ 10. 配套功能（可选）

办事大厅窗口业务办理中所需的配套服务：复印、上网查询、打印、扫描、传真、证照拍摄、缴费、邮寄、茶饮、点心、老花眼镜、针线包、急救包、自动扶梯等。由于各类办事大厅规模大小、窗口业务、开设地点的周边商业配套完善程度各不相同，因此，各办事大厅可根据自身实际情况选择，配套具体项目尽可能外包商业化运行，新区可以适当加财政补贴运行。上述项目有商务中心、拍照室、咖啡吧、银行网点（或银行自助机）等。

商务中心（可分楼层设置）

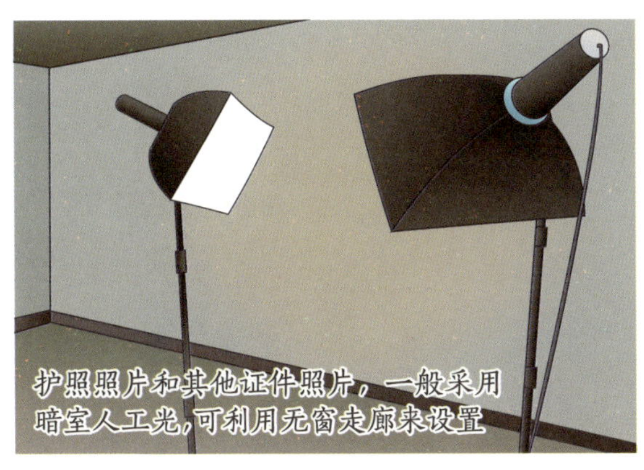

拍照室

小卖部（咖啡吧）

收发室

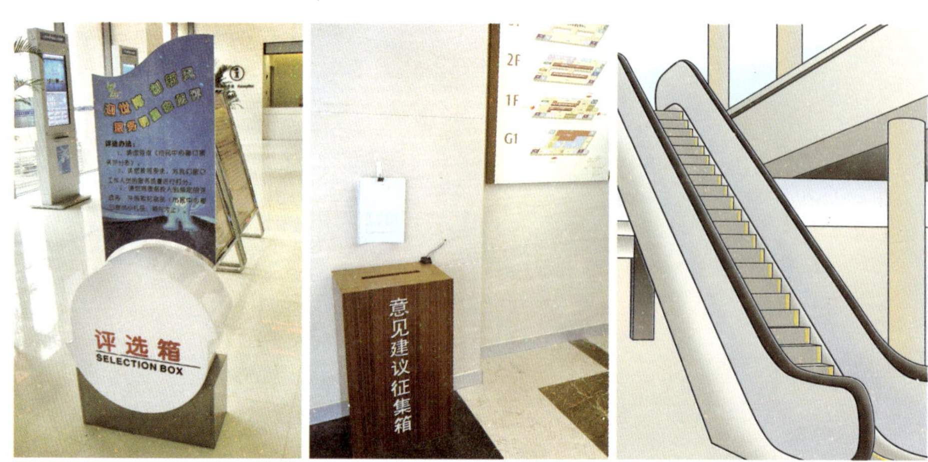

评选箱　　意见建议征集箱(投诉箱)　　自动扶梯

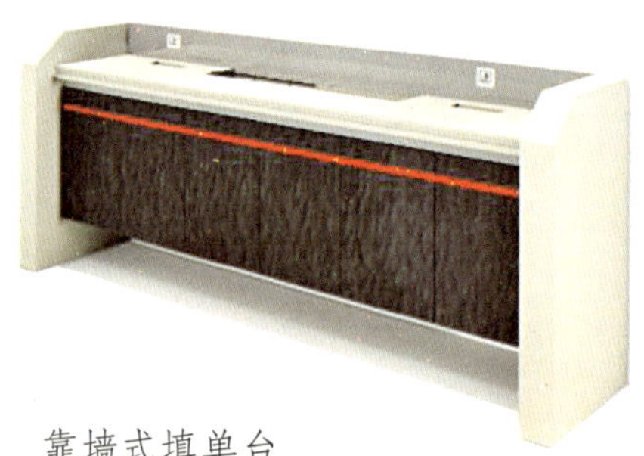

靠墙式填单台

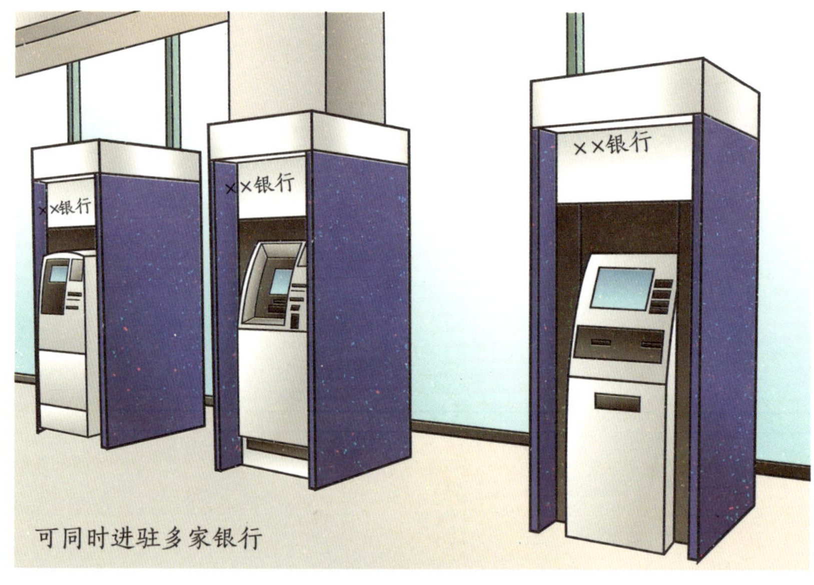

银行自助机

八、办事大厅建设发展思考

当前，中国政府服务步入窗口时代，各地政府的市级、区县级行政服务中心平台纷纷转型升级，覆盖街道(镇)级和社区(村)级三级行政服务体系发展势头良好。但是政府窗口规范化建设任重道远，办事大厅建设发展中许多框架性问题亟待解决，比如：

(1) 顶层设计中的政府综合性办事大厅管理机构的名称与职能是什么？与各职能部门的关系如何？窗口办事事项的设置、社会监管效果评估、调整或取消工作职能如何设置才能符合服务型政府的发展要求？

(2) 政府服务步入窗口时代只是便民的第一步，若将窗口具体业务比作商品，政府各职能部门的窗口业务是该进“超市”还是保留“专卖店”？

(3) 政府综合性办事大厅如何实行“统一机构、统一名称、统一标识(LOGO)”？

(4) 顶层设计中的政府服务三级体系建设未来五年、十年的发展规划和目标是什么？往上看，省部级审批权力是否会全部下放到市区级政府部门开展窗口服务？往下看，覆盖社区(村级)便民中心窗口的业务是延伸还是代办?

(5) 大数据时代下“网上办事”的推进难点在哪里？虚拟与实体办事大厅两者发展关系如何？等等。

正如中国社会的其他方面，政府服务转型需要倾听各界的声音，需要与国民素质提升同步，更需要有顶层设计智慧的先行者。因此行政服务中心作为政府服务步入窗口时代的重要平台，需要在一个适合中国国情的框架下，走出中国自己的发展之路。为此，这个非常具有挑战性的新平台，特别欢迎高校应届毕业生的加入，共同为构建人民满意的服务型政府而努力。

窗口岗位好工作，好机会！

唉，快毕业了还没找到工作，投了N份简历全都石沉大海。

学长，我都在家待业一年了还没找到满意的工作呢！

好不容易考上名牌大学，毕业了工作一样难找，公务员考试千人争一岗，比当年高考还难！

国考我们直接成“炮灰”了。

有没有一份工作招聘名额多，竞争少，工作稳定待遇好，又受人尊敬的呢？

当然有！

What?

报考窗口工作，招聘人数多，收入高，工作时间短，受人尊敬，办公条件好，年轻人多，朋友圈广！

骗人的吧，哪有这么好的事！

报考条件很高吧？

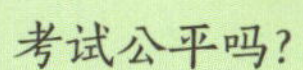
考试公平吗？

公开招考，本科学历及以上，无论男女，不限籍贯和专业！
小伙伴们是不是都惊呆了？马上来报名吧！

附　录

政府综合性办事大厅管理制度及考核办法

一、窗口礼仪规范……093
二、窗口岗位职责……094
三、效能建设责任制……095
四、窗口考勤制度……100
五、窗口请假制度……101
六、窗口考核制度……102
七、窗口会议(培训)制度……103
八、窗口收费管理制度……104
九、窗口卫生管理制度……105
十、窗口人员轮换交接制度……106
十一、窗口信息安全保密制度……107
十二、窗口节能减耗制度……108
十三、窗口财产管理和使用制度……109
十四、窗口着装管理制度……110
十五、窗口柜长管理制度……111
十六、窗口投诉处理制度……113
十七、窗口单位主要职责……116
十八、窗口单位例会制度……117
十九、窗口办件分类及管理……118
二十、××区行政服务中心考核办法……121

一、窗口礼仪规范

窗口工作人员在工作时间内的工作礼仪规范如下：

第一条 仪表举止端庄、大方、文明，站、坐姿势端正。遇对方站立询问，应站立应答。

第二条 工作时间内要求佩证上岗。窗口工作人员的工作形象必须符合国家公务人员职业特点。窗口单位有统一着装的，按窗口单位（部门）要求穿着；窗口单位没有统一着装的，一律按中心统一服装着装，详见《窗口服装管理规定》。

第三条 仪容整洁、合适。男性不留长须、长发、怪发；女性发式应简洁、干练，短发长度不能过肩，过肩长发应盘起，刘海长度不能遮盖眉毛，宜化淡妆，切忌浓妆艳抹。

第四条 接待服务对象要使用普通话；用语文明，不讲窗口服务"忌语"。为保持整个办事大厅的安静氛围，问答和打电话时应注意简短并控制音量，尽量柔声细语，避免对相邻窗口造成干扰。

第五条 接听办公电话应说"您好，××窗口"。如果不是自己的电话，应说"请稍等一下"，并尽快转给相关人员。如果当事人不在，应说"您有什么事"、"我能转达吗"。中断或挂上电话，应先征得对方同意。通话时，语言要简洁明了，对重要事务做好记录。通话结束时说"再见"或"谢谢"。

第六条 服务对象提出意见、建议和批评时，要耐心听取，不予争辩，做到有则改之、无则加勉，禁止用手指点对方，更不能与他人发生争执与冲突。

第七条 给服务对象发放证书、证照时应双手递交，并主动介绍下一步应如何办理："我这里办好后，下一个是××窗口"、"这些办好后，接下去要办××手续"。还未办妥业务的，可以说"对不起，请补全手续再来办理"、"谢谢您的合作"等。

二、窗口岗位职责

（一）总体要求

第一条 牢记中心服务理念：便民、公开、高效、廉洁。即坚持政务公开，热情周到服务；严格规范操作，认真受理业务；提高办事效率，切实方便群众；抵制不正之风，自觉廉洁奉公。

（二）对外职责

第二条 办事项目的立项依据、受理对象、申办条件、所需材料、经办程序、承诺时限、办理结果以及收费依据与标准等，必须全部公开，并及时更新。

第三条 窗口办理事项实行办件"首问责任制"，即申办事项从受理到办结，全过程由窗口受理工作人员负责，不得要求办事对象再去窗口单位的内部科室办理。

第四条 窗口办证实行一次告知制，即必须将所需材料和注意事项一次性明确告知办事对象。

第五条 非当场（当天）办结的事项，必须按要求出具受理回执。

第六条 申办事项受理后必须在承诺的时限内办结。

第七条 申办事项需要补充条件或材料方能继续办理的，应及时出具补办通知，一次性明确告知要补齐的条件或材料，条件或材料补齐后，承诺时限应自动顺延。

第八条 申办事项不予受理或审核不予通过，必须对办事对象充分说明原因。

（三）对内职责

第九条 窗口工作人员必须本着对其派出的窗口单位、中心和服务对象三方负责的态度认真做好本职工作，及时完成工作任务。接受派出窗口单位的业务指导,加强政策法规及业务知识的学习,不断提高服务水平和服务质量。

第十条 在窗口单位分管领导及窗口负责人的领导下开展工作,人员关系原则上隶属窗口单位的窗口管理责任科室,提倡不分科室受理本单位全部事项；正式派驻窗口的工作人员必须办理书面手续到中心工作。在窗口工作期间,日常考核考评及个人年度考核由中心负责。

临时顶岗人员首次来窗口工作的必须先到中心报到办理胸卡,以保证及时佩证上岗,违者扣除单位考核分。

第十一条 自觉遵守中心等相关部门的各项规章制度。认真执行考勤制度,不迟到不早退,需要换装的窗口工作人员必须提前做准备工作,确保工作时间到岗服务,使窗口及时开办业务。

第十二条 负责接待受理的登记及数据统计汇总工作，按照“网上行政服务中心”软件要求,及时做好资料归档。及时完成中心领导交办的其他任务。

第十三条 窗口工作人员有义务对所发现的存在安全隐患的公共物品(如门窗、桌椅)及时向物业和中心提出报修。办事大厅公共部位所设桌椅,未经允许,窗口人员不得私自更换。

第十四条 发生意外事件要分轻重缓急妥善处理，应及时报告中心,严重时可直接报110。

三、效能建设责任制

为提高效能,改善服务态度,规范服务行为,优化服务质量,结合中心实际,特制定并实行以下制度。

（一）首问责任制

第一条 首问责任制是指办事对象到中心窗口或打电话到中心窗口、导引咨询（含查询、举报、投诉等），接受询问的首位工作人员必须负责解答、办理或转交经办窗口、科室办理的制度。

第二条 首问责任人要牢固树立宗旨意识、切实为办事对象着想，热情礼貌、用语文明；要展示良好的职业道德和精神风貌，不得推诿扯皮。

第三条 首问责任人的责任：

1. 属于首问责任人所在的窗口、科室职责范围的事项，要按中心有关规定予以受理。

2. 不属于首问责任人所在窗口、科室负责范围但属于中心职责范围的事项，首问责任人要主动告知或引导办事对象到有关窗口。

3. 不属于中心职责范围的事项，首问责任人应告知或尽可能帮助办事对象了解承办单位。

4. 无法确定承办单位、部门的，首问责任人应及时请示领导或通过其他渠道帮助办事对象了解、确定具体承办单位或部门。

5. 对电话咨询，首问责任人能立即回复的必须当场答复，由于客观原因不能当场答复的，或不属于本人职责范围的问题，应向服务对象说明原因，并明确告知承办单位的电话。如果电话投诉的首问责任人为中心人员，应将反映的事项和被举报或被投诉人的姓名、联系电话等要素记录在册，并按有关规定及时处理。

第四条 违反本制度的，经查实后，根据情节轻重，按有关规定追究相关人员的相应责任。

（二）一次性告知制

第五条 一次性告知制是指办事对象到中心窗口办事或电话咨询有关办理事宜时，经办人必须一次性告知其办理事项的条件、时限、程序、收费标准、所需的全部材料或不予办理理由的制度。

第六条 办事对象到窗口办理审批事项时，经办人应当场审核其有关手续和申报材料，对有关手续、申请材料不齐全或不符合法定形式的，要一次性书面告知其所需补正的手续和材料。

第七条 对联办事项涉及多个部门的，或有关手续、申报材料不清楚，法律法规和规范性文件不明确等特殊情况，经办人要及时帮助其咨询其他部门。

第八条 办事对象申请的事项属国家明令禁止的，或不符合国家产业政策、发展规划的，经办人要当场认定，将申请事项按退回件要求予以处理，向对方说明理由并做好备案。

第九条 办事对象电话咨询的，可以口头一次性告知所办事项所需的材料和办事程序。

第十条 违反本制度的，经查实后，根据情节轻重，按有关规定追究相关人员的相应责任。

（三）限时办结制

第十一条 限时办结制是指办事对象到中心窗口办理审批事项，在符合法律法规有关规定以及申报材料齐全的条件下，窗口工作人员要在规定或承诺的时限内予以办结。即办件要当场予以办理；承诺件要在承诺时限内办结；上报件要在规定的时限内上报上级部门，并及时与上级部门联系，帮助办理；补办件和退回件要在规定时限内告知申请人，并说明理由。

第十二条 确因特殊情况，不能按期做出行政许可决定的，应按有关规定申请延期办理并及时向申请人解释清楚。

第十三条 没能在规定时限办结，又不及时给办事对象解释清楚，造成不良影响和后果的，经查实后，按有关规定追究相关人员的相应责任。

（四）政务公开制

第十四条 中心各窗口对审批及办事事项均实行公开办理，

即将行政审批许可及办事事项名称、设定依据、办理条件、办理程序、办理时限、收费标准、申报材料等在办公场所及网上公开，自觉接受群众监督。办事对象要求各窗口对公开内容予以说明、解释的，各窗口应当说明、解释，并提供权威、准确的信息。

第十五条 政务公开的主要内容：

1. 审批许可及办事事项。依法公布行政许可及办事事项，是法律、法规生效的一个形式要件，是一个必经的程序。谁有权实施哪些行政许可，应当让公众周知。

2. 设定依据。为增强透明度，提高办事效率，各窗口应依法公布行政许可设定依据。

3. 办理条件。行政许可实施的条件应规范、明确、公开，不允许在行政许可的实施条件上模糊。

4. 办理程序。窗口办事程序要力求科学合理、简便易行。

5. 办理限时。对手续齐全、材料齐备、符合规定的即办件应当场办理；对承诺件应尽量缩短流转时间，须踏勘和调查的，应及时进行实地踏勘，尽可能提前办结。

第十六条 中心负责政务公开的组织和实施，各窗口单位必须将本部门的所有行政许可及其他办事事项、依据、条件、数量、程序、期限、收费标准、办理地点等信息在公共场所、网站，或以其他方式向社会公布，通过网上修改更新和及时编印办事指南、服务手册等方式向社会公开，以方便办事群众。

第十七条 违反本制度的，经查实后，根据情节轻重，按有关规定追究相关人员的相应责任。

（五）AB岗工作制

第十八条 AB岗工作制是指窗口单位为确保其开设窗口在规定的工作时间内向办事对象提供承诺的服务所实行顶岗或互为备岗的制度。即在本单位指定两个相近岗位互为AB岗，当A岗（主岗)因故不在时,B岗(替岗)自动顶岗,及时办理根据工作性质可以即时办理的一般性事情和紧急公务,以保证工作正常运转。

第十九条 各窗口单位原则上都要确定AB岗,避免无人顶岗现象。A岗责任人因休假、学习、公出等原因离岗时,须事先到中心登记并说明理由,办好请假手续,且必须提前向B岗责任人做好交代工作,因特殊原因不能及时交代的,B岗责任人应当主动顶岗。B岗责任人在顶岗期间,同时做好本岗和A岗主要工作,并兼有A岗职责和权利。

第二十条 顶岗人员应认真履行AB岗工作制,按规定及时办理相关业务,不得推诿、留置、拖延或不办。

第二十一条 A岗请假时如遇B岗也休假、学习、公出等原因离岗,应在离岗前请假并向相关领导汇报正在办理和待办的事项,相关领导可指定其他人员临时代行窗口职责。

第二十二条 违反本制度的,造成缺岗和空岗,被办事对象投诉的,按有关规定扣除相关人员及单位的考评分,情节严重的通报批评。

(六)跨部门AB岗制

第二十三条 为避免等待时的焦虑不安,减少办事对象的误会,有效降低投诉率,对中心所有窗口实行跨部门AB岗制。即工作人员短时离开座位时,必须向左右相邻窗口工作人员告知去向及离开时间长短。

第二十四条 为避免出现连续空岗的现象,相邻窗口应错时离岗。

第二十五条 跨部门B岗的主要职责是主动关心等待对象,告知等候时间。必要时帮助打电话联系A岗,加快就位。

第二十六条 在A岗和服务对象双方同意的情况下,跨部门B岗可代收简单材料。

四、窗口考勤制度

为加强考勤，确保中心对外服务的正常有序进行，特制定本制度。

（一）窗口工作时间

第一条 窗口对外开放时间必须按行政服务中心（办事大厅主管单位）统一规定执行。

第二条 窗口工作人员必须严格遵守作息时间，按时上下班，不迟到，不早退，不擅离工作岗位。

（二）实行电子考勤

第三条 中心考勤每天三次，分别于上午上班时、下午上班时、下午下班时考勤。

第四条 凡是中心工作人员（包含后台工作人员）必须先到中心报到并办理电子考勤，连续替岗一周以上的或被窗口单位指定的替岗应及时办理电子考勤。

第五条 因设备故障或本人遗忘未实施电子考勤，须当日到中心登记备案，并由中心管理人员查看当日到岗监控、核实补遗。

（三）监督检查

第六条 中心对出勤情况每月进行一次汇总，并予以公布。

第七条 中心实行窗口日常检查，对未请假擅离工作岗位超过20分钟以上的脱岗视为空岗，按相关规定扣除个人考核分，窗口人员按规定请假但窗口单位未安排替岗的，按相关规定扣除单位考核分。

（四）有关奖惩

第八条 中心每月根据窗口出勤情况发放窗口补贴。不能提供有效《现场踏勘反馈单》、《因公外出证明》以及公休之外请假的，按规定扣减当月补贴。

第九条 不按要求办理请假销假手续的，按旷工处理。旷工一天以内的（包括一天），扣除当月百分之五十补贴，旷工一天以上的，扣除当月全部考勤补贴。

第十条 经常迟到、早退、擅自离岗外出且屡教不改的，或累计旷工三天的，经中心主任会议讨论决定，作退回原部门处理；对一年内请假超过三十天的，商请原单位调换。

五、窗口请假制度

中心实行窗口人员的日常请假制度，具体内容如下：

第一条 窗口工作人员请假可分因私请假和因公请假两种。

因私请假类型一般有年休假、婚假、产假、哺乳假、丧假、病假、事假，因公请假类型一般有出差、培训、会议、工伤假、返回窗口单位递交和取回审批材料等。

第二条 窗口请假实行窗口单位批准和中心核准双重管理。

第三条 综合性办事大厅，中心可对进驻窗口因私请假和因公请假不作区别化管理。

第四条 中心对窗口按请假时间长短进行分类管理：

1. 半天以内短时外出期间，实施相邻窗口工作人员AB岗制度。

因工作需要（取发票、送材料等）回本单位的，窗口人员外出前须将窗口桌签按“请稍候”放置，同时写上可以联系自己的通讯方式，并告知相邻窗口。中心实行外出前登记并返回销假制度，并严格控制因私短时外出。

2. 半天以上请假期间，实施窗口单位内部工作人员AB岗制度。

窗口人员无论因公因私请假半天或半天以上时，应事先向本单位窗口负责人请假并得到同意，请假单上注明替岗人员姓名和联系电话，再到中心办理请假登记手续。

中心对首次替岗人员要实行培训上岗及人员登记制度，替岗时间五天以上的，或窗口单位确认是窗口B岗的要纳入电子考勤系统并制证以便佩证上岗。

3. 窗口单位集体请假期间，实施窗口工作人员跨部门AB岗制度。

中心倡导窗口会议和培训利用休息时间举行。但是在特殊情况下，允许某个窗口单位集体请假。但必须提前一周向中心提出请假登记，并采用网上网下多种形式预先告知办事对象。

第五条 窗口人员因特殊情况事前未能办理手续的，应先向中心管理人员口头请假，再在上班首日说明情况，补办请假手续，并送中心登记备案。发生这种情况时，中心值班人员要及时做好窗口提示和替岗增派联系工作。

六、窗口考核制度

第一条 为更好地贯彻落实中心关于办事大厅和窗口各项管理制度，所有进驻窗口单位和窗口人员必须参加中心季度考核。窗口单位及窗口人员考核办法由中心制定、修订、发布。

第二条 窗口工作人员年度考核由中心和窗口单位共同负责，窗口单位年度奖金应与中心窗口年度评先和年度考核结果挂钩。

第三条 窗口考核依据主要来自电子考勤和日常管理记录，包括值日检查、随机抽查、明察暗访、投诉处理等记录。

第四条 窗口季度考核采用百分制。具体有共性工作目标、个性工作目标、群众评议等内容。

第五条 共性工作目标由中心统一提出要求：

1. 工作纪律包括窗口日常考勤、窗口廉政纪律、违纪违规。

2. 规范服务包括政务公开、业务熟练、窗口整洁、统一着装。

3. 内部管理包括窗口会议及活动、窗口收费、窗口办公用品管理、窗口公共卫生、窗口投诉处理、配合中心工作。

第六条 个性工作目标由中心对窗口单位分别提出要求：

1. 政府服务窗口类包括审批改革、办事事项清理、流程简化工作是否符合中心提出的要求，创新和便民举措是否执行到位。

2. 公共事业服务窗口类包括办理信息是否按照中心要求及时输入"网上行政服务中心"系统等。

第七条 群众评议环节可以由窗口互评、评价器"一事一评"、行风监督员检查评议、市民代表、抽样调查、满意不满意问卷调查等多种形式构成。

第八条 中心按窗口统一编号实行考评，窗口后台工作人员作为窗口工作的保障人员，按所在单位窗口的平均分为考核分。窗口后台可按50%～100%计算窗口补贴。

第九条 所有窗口工作人员季度考核平均分减去季度单位考核扣分后的得分为窗口单位季度考核分。窗口单位此项考核与××区年度目标绩效考核挂钩。

第十条 窗口季度考核，设立"服务示范岗"、"先进柜组"和"满意单位"等荣誉称号。年度考评设立年度"优秀窗口负责人"、"窗口先进个人"、"窗口活动积极分子"、"红旗窗口单位"等荣誉称号。

七、窗口会议（培训）制度

第一条 中心负责统一制订年度培训计划、培训内容。

第二条 中心负责窗口人员的上岗培训和年度窗口人员轮训。坚持未经上岗培训不得到窗口工作，窗口替岗、轮岗的工作人员也应包含在内。

第三条 中心和窗口单位组织的窗口人员会议和培训应安排在工余时间进行。中心和窗口单位要求所有窗口人员（含后台）必须参加的工作时间内会议与培训，必须事先做好预案和告知工作，不能让办事对象白跑和空等。

第四条 窗口工作人员的党团活动或会议培训由中心统一组织,集中安排学习内容,学习情况由中心负责记录,并作为中心管理台账。

第五条 中心管理台账中,应记录学习内容、学习时间、地点、主讲人姓名、参加人数,附签到表和缺席者姓名。

第六条 因故不能参加集中学习的,应事先向中心请假,无故不参加学习者,缺席原因不清楚的按缺勤处理。

第七条 中心集体活动参照会议(培训)情况与季度考核等挂钩。

八、窗口收费管理制度

为加强进驻窗口的收费管理,规范收费行为,特制定本制度。

(一)窗口收费管理规定

第一条 进驻窗口收费相关管理工作由中心负责。办事项目进驻中心后,与之相关的行政事业性收费和经营服务性收费都应同时进驻。

第二条 进驻窗口的收费要接受财政、物价等部门的指导和监督,中心配合上述职能部门做好有关收费监管工作。

第三条 进驻窗口要严格按照规定的程序和标准收费,不得擅自设立收费项目、提高收费标准、扩大收费范围。

第四条 收费涉及减免优惠政策的,进驻部门要认真落实政策。已公布为免费的,一律不得另设名目收费。

第五条 所有收费一律由进驻中心的银行收费窗口实行代收。

(二)窗口收费公示规定

第六条 各部门的收费必须向中心提供合法的收费项目、收费标准、收费依据、收费范围(对象)、计算单位、物价部门和收费单位的投诉电话等公示信息。

第七条 各窗口须按照物价部门和中心的统一要求，以纸质和电子的形式，在办事大厅公开摆放收费公示信息，方便办事对象现场查询。为维护办事大厅的整洁规范，各窗口要按照统一要求进行收费公示。

（三）窗口收费流程

第八条 窗口通过办件系统开具中心统一格式的《缴费通知书》，交给办事对象。

第九条 服务对象持《缴费通知书》到中心缴费窗口缴费，缴费窗口收费后在《缴费通知书》上盖收讫章确认，为办事对象开具发票凭证。

第十条 办事对象持缴费窗口确认的《缴费通知书》回窗口继续办理业务。

第十一条 根据中心不得将现金或支票存留窗口过夜的规定，因特殊原因窗口为便民偶尔收取现金或支票的，下班前应存入银行保管。

（四）其他

第十二条 办事对象对中心的窗口收费有疑虑或不满，窗口应建议其向中心咨询或提出投诉，也可直接向物价部门或其他受理投诉部门提出投诉。

九、窗口卫生管理制度

第一条 中心实行专业化物业管理，以保证办事大厅内环境优雅，空气清新，等待区有饮用水供应，窗明几净，地面干净无杂物，垃圾及时清理。

第二条 中心负责办事大厅的广告宣传品悬挂张贴放置审批。为避免视觉凌乱，广告宣传品放置时，原则上一个空间不超过3

种。非进驻窗口单位广告宣传品不得进入办事大厅。

第三条 窗口全体人员必须树立良好的卫生习惯，注意用厕卫生。自觉保持公共卫生，不得随地吐痰，不乱丢纸屑，不乱倒残茶等。

第四条 窗口人员负责窗口内部工作区域的日常整理和清扫。办公桌上不得乱放与工作无关的物品，不许张贴和摆放个性化装饰物品。文件、材料要随时整理，用完归档。

第五条 窗口柜内实行值日生制度，负责本柜组各窗口的卫生情况和负责饮水机供给。中心按窗口柜台自然区块分块安排值日。

第六条 全体人员都有权利和义务对不卫生行为进行劝阻和制止。

第七条 大厅严禁吸烟，办事对象吸烟应立即提醒劝阻。

第八条 中心定期检查卫生情况，违反卫生制度的予以通报批评。

十、窗口人员轮换交接制度

为规范窗口人员的派驻及管理，提高工作质量和效率，制定本制度。

第一条 各单位派驻窗口的工作人员应保持相对稳定，一般工作期限不少于一年，以有利于工作开展。如因工作需要确需调整的，应事先以口头或书面形式通知中心，经中心领导同意后再办理调整手续。

第二条 窗口新工作人员到岗后，应到中心报到，并办理有关进驻手续。

第三条 中心应向新到岗工作人员介绍情况，并进行必要的上岗培训和教育，并登记领取相关培训资料。

第四条 窗口新老工作人员应按部门和中心约定时限内完成业务、工作、办公用品的交接等。

第五条 各窗口单位要配合中心做好其窗口工作人员的管理和教育,不断提高窗口工作人员的能力和水平。

十一、窗口信息安全保密制度

为保障网络安全,确保中心政务活动的正常、安全运转,制定本制度。

第一条 启动和关闭计算机应按照正常程序操作。下班之前,退出所有程序,以防数据丢失,切断计算机电源方可下班。

第二条 窗口工作人员在本窗口岗位使用自己的账号操作办公软件,不得使用他人账号、密码登录,不得将账号、密码泄露给无关人员。

第三条 严禁外来存储设备随意装入中心计算机运行,不得把窗口的软件或光盘随意外借,不得为外单位人员拷贝软件。

第四条 不得随意安装与工作无关的软件,不得随意删除系统文件。

第五条 未经许可的外来人员不得随意操作计算机或相关设备。

第六条 工作时间内禁止在计算机上玩游戏、聊天、看碟片、看股票行情、听音乐及其他与工作无关的操作;未经部门负责人批准,不得在电脑上发布信息、上外网,以防止内部数据的外泄和遭受恶意攻击。

第七条 本级政府机关局域网按照信息管理中心的要求统一互联网出口,确因业务需要,须与外网连接或者自带计算机需通过信息中心网络上网的,须征得信息中心同意后,由网络管理员实施,不得擅自操作。从上级系统下发的各种软件应先到信息中心登记，由信息中心备份后，并通过查毒才能使用。

第八条 必须自觉遵守有关保密制度，保密文件资料不得上网共享。涉密数据的存储和传输应当按照国家保密局和公安部保密规定配有相应的安全措施。

第九条 爱护机器设备，并保持日常清洁，不得私自拆装或移动计算机、相关设备，发现故障应及时报告。系统操作中出现异常情况，应及时报告中心。

第十条 为保证计算机系统安全，每台电脑应安装杀毒软件，并定期进行升级、杀毒。各部门应做好自身数据的备份。

第十一条 如窗口工作人员违反上述规定进行操作，造成不良后果的，将按有关规定处理，并追究其责任。

十二、窗口节能减耗制度

第一条 全体人员应牢固树立资源意识。在日常工作中自觉节纸、节水、节电。开启空调后，窗口和后台办公室不得随意开门窗。

第二条 夏天办事大厅空调的温度设定值为26度，冬季设定值为20度。因空调位置关系导致局部温度偏离设定值时，窗口人员应有大局意识，克服困难，服从中心统一安排。

第三条 办事大厅工作人员自行安装或使用200W以上电器须事先经中心批准，物业用电专职核准。

第四条 下班后及时关闭电脑、电灯、空调等电器。加班的同志应尽量减少空调和照明的使用范围。

第五条 中心提供的办公用品和打印纸张等耗材应办理领用登记，提倡使用二次纸，严禁私用。

第六条 所有窗口的办公设备及桌椅纳入中心固定资产统一管理，设备维修维护更换由中心统一调配（窗口单位特殊办公设备除外）。

第七条 如发现浪费行为严重的，并经批评指正不改的，将予以通报批评，情节严重的进行必要的处罚和赔偿。

十三、窗口财产管理和使用制度

第一条 政府综合性办事大厅内所有财产均属国家所有，每一个工作人员都有保护的义务，任何人员不得随意损坏或侵占。

第二条 行政服务中心负责对办事大厅管理范围内的财产实行登记造册，使用人签字，并由使用人管理和归还。

第三条 行政服务中心财产的登记范围包括：

1. 办公设备类：电脑、打印机、传真机、各种业务一体机、考勤机、评价器、文件柜、办公桌椅、电话机、二代身份证读卡器、扫描仪、POS机、照相机、复印机等；

2. 网上办公类：网路专线、应用软件和管理付费软件系统；

3. 其他：工作服装、更衣箱、停车车位等。

窗口单位带入行政服务中心的财产属窗口单位所有，其管理、使用、维修由窗口单位自行负责。中心可另行登记或不登记。

第四条 行政服务中心配置的财产物品必须服从中心的管理和监督；不得私自移动或挪用位置；财产物品使用中出现的维修服务问题由行政服务中心负责联系解决。

第五条 公用办公设备只能用于工作，不得用于私人事务。电脑不得安装游戏软件和下载视频以免影响安全性。违反窗口财产管理和使用制度，造成财产损失或损坏的，由使用人负责维修、赔偿。

第六条 窗口工作人员或其他工作人员一旦发现公共区域设备不能正常工作或群众等候椅子出现损坏时，应及时向行政服务中心值班巡查人员报告。

十四、窗口着装管理制度

为进一步提升政府综合性办事大厅窗口形象,便于公众监督,中心实行“统一着装、统一挂牌”开展窗口对外服务。为更好地落实窗口工作人员规范着装、佩证上岗要求,中心特对没有配备部门制服的窗口工作人员定制中心统一服装,并初定中心服装管理规定如下:

(一)服装标准

中心统一服装为白色衬衣、深藏青色西服。配深蓝色领带(男)、红黑彩条领花(女)。春秋正装为西服西裤;冬季正装为西服内加马夹;夏季正装为衬衣长裤(男)、衬衣裙子(女,裙子系在衬衣外面)。服装配置为两冬两夏,使用年限为二年。

(二)着装规定

1. 窗口工作人员工作时间必须佩戴中心工作挂牌上岗。

2. 窗口正装要求自配深色皮鞋,男性系领带,女性系领花、裙子和长裤自选。重大活动要求正装出席时应提前通知。

3. 替岗和新进中心人员(服装定制期间),要求身着正装(与中心服装相近颜色和款式)在中心窗口工作。

(三)服装管理

1. 凡派遣到行政服务中心的工作人员,指定工作年限二年以上的且不配备职业服装的,凭窗口单位出具盖公章的联系单,由中心定制服装,费用由中心承担。

2. 中心工作未满一年的,因公调离中心工作,服装全部退还中心。中心工作满一年且未满二年的,因公调离中心工作,归还服装时,夏季衬衣长裤(男)、衬衣裙子(女)可不退还。因私离职可参照执行。退还服装将作为中心机动服装供替岗(B岗)使用。

3. 发生遗失或破损而需要补做服装的，由使用人书面告知中心，由中心出面联系定制或订购，费用由本人承担。

4. 发生替岗时，窗口工作人员必须告知替岗人员的服装要求，并先到中心登记同时领取临时工作挂牌，佩戴上岗。

5. 使用人负责本人服装的日常清洗和整烫，归还时必须保持干净。

（四）其他

1. 配备部门制服的窗口工作人员必须身着制服上岗，工作时间一律佩戴中心工作挂牌。遇重大活动要求正装时，必须按部门的正装要求出席。

2. 行政服务中心工作人员工作时间必须佩戴工作挂牌，遇重大活动要求正装时，必须事先选用中心统一服装出席。

十五、窗口柜长管理制度

（一）总体要求

为切实提高中心集体凝聚力和向心力，行政服务中心特在办事大厅窗口建立柜组形式的团队，帮助分属不同窗口单位的窗口工作人员在中心工作中更好地发挥跨部门互助互爱精神。为此，中心实行窗口柜长管理责任制。

（二）柜组设置

柜组由中心统一划分、设置并编号，柜组设置原则是按办事大厅自然分布的窗口柜台数作为柜组设置数，每个柜组所包含的窗口数量可以不等，但至少达4个以上。柜组成员可以由同一窗口单位的人员组成，也可以由多个不同窗口单位的人员组成。如遇文体活动等特别需要组合成人数相近的大团队时，由中心统一对各柜组做临时合并调整，名单将事先公布。

（三）柜长选举

柜长在本柜组窗口工作人员中选举产生，由中心检票后公示一周生效。柜长候选人必须具备中心窗口工作一年以上资格，柜长可以连任。选举由中心统一组织，每季一选，在季末举行。

（四）柜长职责

1. 柜长必须在柜组中发挥表率作用，同时协助中心组织本柜组人员参加中心活动和比赛、承担本柜组的公共事务管理(如业务量统计、中心信息发送统计、意外事件上报等)。认真填写《柜长日志》，季末上交中心，由中心在季度考评后转交给下一任柜长。

2. 参加中心柜长会议，收集并代表柜组成员参与中心日常管理并提出改进意见。包括各项规章制度的制定或修改内容的审议、评先评优的提名，中心活动方案细化和比赛规则确定等。

3. 中心要求柜长发扬“敢管、能管”精神，各柜组可以结合自身特点制定柜组管理办法，如采取柜组值日办法，提醒和督促本柜组其他人员(特别是提醒临时替岗人员)遵守窗口工作纪律、“统一着装、统一挂牌”上岗、保持窗口整洁卫生，共同营造团结友爱、相互帮助的良好工作氛围，努力使本柜组季度考核结果名列前茅。

（五）柜组考评及奖励

1. 中心柜组考评实行季度考评制。柜组考评得分为“柜组人员平均分”与“柜组集体加分”的总和，中心根据各柜组得分进行排名，得分最高一档的柜组授予“优秀柜组”称号。

2. 柜组考核奖分等计发(末等无奖)，与个人考核奖合并发放。柜长和柜组成员等额发放，同时与柜组对应的窗口后台人员按0.5系数计柜组考核奖。

（六）柜长考评

1. 中心单设柜长季度津贴，鼓励柜长积极协助中心承担本柜组的公共事务管理。

2. 中心视各柜长发挥的作用，在中心年度评选“年度先进个人”、“年度工作积极分子”时，对柜长予以加分考虑。

3. 柜长参加中心的窗口人员季度考核和“服务示范岗”评选时不另行加分。

十六、窗口投诉处理制度

（一）投诉范围

投诉人对进驻窗口及其工作人员的服务态度、办事效率、办件手续、收费情况、办理结果等不满的，可提起投诉。

投诉须明确提出投诉对象和投诉事项。窗口出具过办件受理回执的，投诉人须凭受理回执进行投诉。

（二）投诉分类

中心受理投诉可按以下三种情况分别处理：

1. 现场协调类：指由于窗口及其工作人员在工作作风、效率、范围等方面存在失当行为而引起的，可以现场协调处理解决的投诉。

2. 立案处理类：指不能在当场协调解决的，涉及政策及其执行问题，或涉及窗口工作人员严重、多次的失当行为，有必要正式提请进驻部门解答处理的投诉。

3. 意见反映类：指向中心窗口或有关行政职能部门提出了审批管理与服务方面的意见、建议，要求作为工作参考或向有关部门反映的投诉。

（三）投诉方式

1. 现场投诉：投诉人可直接向中心提起投诉，或将投诉件直接投在投诉箱内。

2. 电话投诉：投诉人可通过中心、同级监察局投诉专线电话提起投诉或向市96666专线提起投诉。

3. 网上投诉：投诉人可登录中心网站，或通过办事大厅的电脑触摸屏输入相关投诉意见。

4. 信函投诉：投诉人可将投诉意见投入现场投诉箱，或将投诉信寄至行政服务中心综合(督察)科。

（四）投诉受理

1. 投诉人提起的中心受理范围内的有效投诉，中心须及时向投诉人了解情况，正式受理，并填写《行政服务中心投诉登记表》。

2. 如投诉人因不了解进驻窗口的办事程序等原因提起投诉，经中心或窗口工作人员解释，投诉人自愿撤销投诉的，中心不作投诉登记，并将有关情况反馈给进驻窗口。

3. 投诉不属于中心受理范围的，中心不受理、不登记、不转办，但须向投诉人做好解释工作，并视具体情况为投诉人提供投诉受理部门的有关信息。

4. 投诉者无理取闹或不提供投诉对象和投诉事项的投诉，中心将视为无效投诉，不予受理。

（五）投诉调查

中心正式受理投诉，可通过以下方式进行调查了解，并做好相关笔录：

1. 与投诉人对话，了解投诉对象、事项、原因以及解决要求；

2. 与被投诉窗口谈话，了解投诉发生的前因后果，听取解释和解决意见；

3. 通过信息管理系统调出有关办理信息，核查投诉事实；

4. 通过调看录像、询问有关目击者或参与被投诉时间的人员等方式，取得相关旁证。

（六）投诉处理

1. 现场协调类投诉。

中心协调或责成窗口工作人员向投诉人解释情况，达成谅解，办结投诉。

2. 立案处理类投诉。

(1) 中心经调查，签发《行政服务中心投诉督办表》，提出督办意见和回复期限，交由被投诉窗口或所在部门处理。

(2) 被投诉窗口或所在部门须按中心要求，及时妥善处理投诉，答复投诉人，并将处理结果和整改情况书面回复中心。

(3) 被投诉窗口的处理结果和整改情况不符合要求，投诉人仍有意见的，中心可再次签发《行政服务中心投诉督办表》，要求被投诉窗口或所在部门加大力度，重新处理。

(3) 意见反映类投诉。

中心处理方式：

(1) 作为窗口服务整改的工作参考；

(2) 转有关职能部门处理或参考；

(3) 上报上级处理或参考。

（七）其他规定

1. 中心根据被投诉窗口或工作人员的过错情节，依照有关规定对被投诉人进行责任追究。

2. 中心必要时可向投诉人回访处理情况，防止报复、刁难或整改不彻底的情况出现。如被投诉窗口对投诉人进行打击报复或办事刁难的，一经发现查实，即提请监察部门给予严肃处理。

3. 投诉人要求对投诉保密的，应在保密情况下调查取证和跟踪督办。

4. 中心建立投诉备案制度，做好各次投诉受理和处理记录，作为对进驻窗口及其工作人员考核评议的重要依据。

十七、窗口单位主要职责

为切实加强对行政服务中心办事大厅进驻窗口的各项管理工作,方便窗口单位更好地配合中心,特将窗口单位主要职责汇总如下:

(一)明确窗口分管领导和责任科室

1. 明确管理分管领导和主管科室并指定一名中心联系人(一般为科室负责人)。窗口业务涉及多个审批科室的窗口单位可指定综合科或办公室为主管科室。

2. 定期(每月至少一次)到窗口来检查本单位窗口工作情况。

3. 定期(每月至少一次)主动向中心了解窗口工作情况。

4. 按时参加中心窗口工作会议。

5. 积极配合中心做好涉及窗口的各类投诉和明察暗访处理工作。

6. 负责本单位“网上行政服务中心”建设及运行。

(二)提供窗口工作的人员保障

确保在中心开设的本单位窗口能在工作时间内提供对外公开承诺的服务的前提下,做好本单位的窗口人员选派工作和窗口替岗人员安排,杜绝本单位窗口出现空岗和缺岗现象。

1. 选派窗口工作人员,应选形象好、亲和力强、普通话标准、计算机熟练使用的,能熟练掌握所担任窗口公开承诺的业务,且在本单位工作一年以上人员,派驻中心时间一般为二年(保证一年以上)。

2. 组织本单位会议和学习,要求窗口人员参加时,应当错开窗口对外服务时间。

3. 签发本单位窗口人员半天以上的请假单,窗口人员请假时应按照AB岗制度安排替岗人员,若无替岗,请假须加盖公章。

（三）提供窗口服务事项保障

1. 窗口服务所受理事项一旦进驻中心，项目的受理、缴费以及发交办理结果等环节均在中心进行，原窗口单位不得两头受理。

2. 进驻中心窗口服务所受理事项不得任意变动撤出。由于法规政策等原因，窗口单位确需调整进驻项目的须经中心同意，窗口单位必须提前2个月向中心业务科提出书面申请及依据。

3. 合理选择窗口开设的数量，当事项的增减涉及窗口数量的变动时，由中心根据其书面申请结合实际情况安排其增减事项的具体实施时间，窗口单位必须配合做好调整相关工作。

（四）负责窗口政务公开

窗口政务公开的方式主要有纸质和电子两种方式，窗口单位应建立内部制度来确保窗口政务公开内容的完整性、准确性和与实际操作的一致性，主要公开内容有：

1. 窗口经办工作人员的姓名、部门、电话号码等。

2. 办理事项的立法依据、受理对象、申办条件、所需材料、经办程序、承诺时限以及收费依据与标准等。

3. 项目受理单编号、办理的状态、结果、收费单据等。

十八、窗口单位例会制度

为加强中心和各进驻窗口单位之间的沟通协调，促进各项工作开展，制定本制度。

1. 窗口工作例会由中心定期组织进驻窗口单位召开，原则上每季度召开一次。

2. 窗口工作例会参加对象为窗口单位代表，必要时可请窗口所在单位分管领导参加。

3. 窗口工作例会的主要内容：

(1) 通报对各窗口进行考评情况以及群众评议投诉情况，总结窗口遵章守纪、改进服务的先进事迹，指出窗口工作中存在的不足；

(2) 通报中心在窗口服务和管理方面的情况，听取各窗口的意见、建议；

(3) 交流窗口工作经验，研究跨部门审批服务协调等专项工作；

(4) 贯彻落实上级有关文件精神，组织有关窗口管理相关业务学习。

4. 窗口工作例会一般由中心领导主持，中心负责会务工作及编写《会议纪要》。

5. 与会人员会前要认真准备好有关材料。如有提交例会讨论决定的事项，须提前报中心汇总。

6. 与会人员不得迟到、早退、缺席。若有特殊原因不能按时参加的，须派代表与会并提前请假。例会的到会情况和贯彻落实情况作为对各窗口单位评议考核的重要依据。

7. 各窗口单位和中心各科室要及时贯彻落实例会精神。

8. 必要时中心可组织窗口单位召开临时或专题会议，通报、研究有关工作。

十九、窗口办件分类及管理

（一）窗口办件的分类

1. 当场办理类(即办件)：指程序简便、窗口人员当场或当天办结的事项。

2. 限时办件类(承诺件)：指受理申请后须经详细审核、取样论证、现场踏勘或报上级部门审批，窗口承诺在一定时限内办结的事项。

3. 联合办理类(联办件)：指同一申请需由两个以上职能部门的窗口办理的事项。

4. 未予受理(未受理件)：指不符合申请资格或申请事项明显

不符合国家、省、市的有关政策规定，或申请材料不齐全、不规范等不符合申请条件的申请事项。

（二）即办件的办理

1. 即办件应即收即办。窗口人员接受申请，应当即录入“网上行政服务中心”信息系统，并审查是否符合申请条件。

2. 符合申请条件的，要当场（或当天）向办事者发交办理结果，并在信息管理系统完成确认手续。

3. 不符合申请条件的，按照未受理件的要求办理。

4. 申办事项如需缴费，窗口工作人员须出具规范格式的缴费通知书。办事者凭缴费通知书到大厅银行收费窗口缴费后，回受理窗口继续办理。

（三）承诺件的办理

1. 窗口人员接受申请，应当即录入“网上行政服务中心”信息系统，并审查是否符合申请条件。

2. 符合申请条件的，打印出具《受理回执》。《受理回执》明确承诺办结时限，供办事者查询、领取结果。

3. 不符合申请条件的，按照未受理件的要求办理。

4. 窗口受理承诺后，所在部门应尽快组织审核、论证、现场踏勘等工作，确保在承诺的时限内办结或报上级部门。需上报的办件，承诺时限可不包括上级部门的办结时间，但所在部门必须在法定的时限内审查完毕上报。

5. 承诺件办结应及时录入“网上行政服务中心”信息系统，并通知办事者领取办理结果；办结不了的应及时通知办事者，并出具《未办结通知书》，载明办不了的原因。

6. 缴费程序同即办件。

四、联办件的办理

联办件的办理要通过推行“并联审批”、“联合踏勘”等方式，尽量方便群众办事，其首个受理部门为提高办件效率的牵头部门。

（五）未受理件的办理

窗口工作人员接受申请，应当即录入“网上行政服务中心”信息系统，审查发现不符合申请条件的，应当场出具《未受理通知书》，一次性告知不予受理的原因或重新申办所需的条件、材料等。

（六）补办程序

窗口办件过程中，发现由于各种原因需要补充申报条件或材料方可继续办理的，可按以下补办方式办理：

1. 窗口工作人员及时通知办事者，出具《补办通知书》，一次性明确告知要补齐的条件或材料。出具《补办通知书》后，信息管理系统自动终止承诺时限。

2. 办事者补齐所需条件或材料后，窗口工作人员出具《补办回执》（原受理编号不变），供办事者查询、领取结果。《补办回执》出具后，窗口继续按原办件方式办理，承诺时限自动顺延。

（七）协办程序

窗口受理的办件如需所在单位内部多个科室相互协作处理的，所在单位应统一协调，不得要求办事者再去单位内部办理手续。需要报上级主管部门审批的，进驻部门应积极与上级部门联系，协调尽快办理。

（八）办理监督

中心通过信息管理系统及其他监督方式，对各类办件进行日常监督，并受理办事者对窗口办件服务不满的投诉。

二十、XX区行政服务中心考核办法

（窗口单位及窗口工作人员）

为加强××区行政服务中心(以下简称“中心”)的规范化管理，进一步提升服务质量，提高工作效率，促进依法行政，努力打造开发区集行政审批、公共服务兼效能监察为一体的服务型政府综合平台，特制定本办法。

（一）考核依据

1.《关于印发〈浙江省示范行政服务中心(办事大厅)评选细则〉的通知》(省效能办〔2007〕1号)；

2.《市委办公厅、市政府办公厅关于优化窗口服务、深化效能建设的若干意见》(市委办〔2007〕14号)；

3.《市委办公厅、市政府办公厅关于建设“市民之家”、完善行政服务中心功能、打造“网上行政服务中心”的实施意见》(市委办〔2009〕21号)；

4.《市委办公厅、市政府办公厅关于印发〈杭州市公共服务窗口服务评价制〉的通知》(市委办〔2009〕209号)。

（二）考核对象

(一) 窗口工作人员

(二) 窗口单位

（三）考核周期

每季度一次，年度考核在季度考核的基础上进行。

（四）考核分值

1. 窗口工作人员的季度考核满分为100分，其中：工作纪律40分，内部管理30分，投诉处理占10分，群众评议占20分。柜长附加分最高为2分(为个人加分，不计入单位平均分)，窗口个人考核奖金与其个人季度考核结果挂钩。

2. 窗口单位季度考核分满分为100分，附加分3分，其中：窗口单位全体窗口工作人员季度考核平均分为基本得分，再进行单位考核分事项的考评综合评分。窗口单位此项考核与开发区年度目标绩效考核挂钩。

（五）窗口工作人员考核内容

1. 工作纪律(共40分)。

(1) 日常考勤。

窗口工作人员上下班时间必须按照管委会规定时间执行(以窗口对外公告的服务时间为准)。中心按照《窗口人员考勤制度》的规定，实行电子考勤机考勤和办理请假手续。

① 窗口工作人员的考勤记录缺勤(在中心办理请假手续的除外)每天扣1分；

② 上班迟到、早退或办事窗口查到空岗(20分钟以上)的，每人次扣0.5分；

③ 为不影响群众办事，窗口工作人员因私请假或因公请假参加内部会议、培训学习时，必须要求单位安排替岗后再向中心提出书面请假，如出现无替岗请假或替岗人员空岗引起投诉的，除单位另有扣分外，请假人加扣1分。

④ 拒不参加电子考勤的、代考勤等请假弄虚作假的，每次扣10分。

(2) 规范着装。

中心窗口上班时间实行“统一着装、统一挂牌”对外服务。为此，对未实行工作服或制服的窗口单位，中心要求其工作人员统一定制中心制服。中心按照《窗口着装管理制度》的规定负责“统一着装、统一挂牌”管理及检查工作，并根据中心值日检查结果考核。

① 发现不按要求佩证上岗的，每人次扣0.2分；

② 发现不按要求着装的，每少一件扣0.2分；

③ 不按要求选择发色和发型的，每人次扣0.5分；

④ 临时替岗人员或工作服定制期间的正式窗口人员不按规定着工作服相近款式和颜色上衣的，按工位，每件扣0.2分。

(3) 窗口纪律。

窗口工作人员必须秉承“便民、公开、高效、廉洁”的服务理念，抵制不正之风，自觉廉洁奉公。上班时间不得做与工作无关的事。窗口单位有收费服务项目的，必须按照“网上行政服务中心”的公示数额收取并通过银行进行缴纳。窗口单位保留小额现金收取的，不得由窗口人员自行保管过夜。

① 中心检查发现看小说、吃早点、吃零食、听音乐、串岗聊天、大声喧哗的，每人次扣0.5分；

② 中心巡查发现窗口人员在电脑上玩游戏、聊QQ、看电影、看股市行情等行为时，将通报批评停发奖金，直至将其退回原单位；

③ 中心发现有吃、拿、卡、要等行为的每人次扣5分(情节严重的，中心将通报批评直至将其退回原单位)；

④ 发现收取的现金或支票由窗口人员自行保管过夜的，每人次扣1分。

2. 内部管理(共30分)。

(1) 窗口整洁。

窗口工作人员应保持窗口桌面整洁，不得随意占用柜台台面和公共区域。

① 窗口柜台台签、资料未按要求正确摆放的，每人次扣0.2分；

② 工位桌面不经常打扫的，每人次扣0.2分；

③ 窗口放零食、饮料的，每人次扣0.5分；

④ 占用公共区域堆放物品的，每人次扣0.5分。

(2) 中心会议及活动。

中心组织和安排的窗口工作人员会议和集体活动一般利用休息时间举行，因此，窗口工作人员必须克服困难，积极参加中心组织的各项会议及集体活动。中心组织重大活动要求正装参加的,必须按要求着装并准时出席。

① 无故迟到或因私请假缺席会议及活动的,每人次扣0.5分,

② 无故缺席会议及活动的,每人次扣5分,

③ 重大活动时出现着装、卫生、礼貌等不符合要求的,每人次扣2分。

(3) 办公用品管理。

窗口工作人员在窗口使用的各种办公设备由中心统一管理。窗口工作人员在爱护、节约的前提下使用和领用办公物品,同时还必须遵守开发区计算机信息网络安全、用电安全、业务章、档案等相关管理规定。

① 未经中心同意(并征得物业用电许可),擅增用电器50瓦以上的,每人次扣1分(造成跳闸后查到的加扣1分,直至改正);

② 下班后不关闭电源的,业务用章、文件资料等机要物品未放回办公室或锁入抽屉的,每人次扣1分;

③ 档案管理不规范,造成资料缺失的,每人次扣2分;

④ 浪费各类办公用品及私用情况严重的,每人次扣2分;

⑤ 违反保密规定泄密,或窃取他人信息资料的,每人次扣2分。

(4) 数据统计。

各窗口必须配合中心报送相关统计资料,配合中心完成区和市中心交办的各项工作任务。

① 未按中心要求每月按时准确报送的,每人次扣1分;

② “网上行政服务中心”业务量应录入未录入的,每人次扣2分。

(5) 实行窗口柜长责任制。

中心实行窗口柜长责任制,根据柜台分区,由选举产生柜长。柜长每季一选,季末改选,可以连任。柜长负责参加中心例会,参与日常管理,协助中心组织集体活动;承担本柜组的公共事务管理并

发挥表率作用。柜长加分与柜组集体表现挂钩,中心视其发挥的作用,在个人先进评选中加分,最高可加2分。

3. 投诉处理(10分)。

(1) 工作人员之间发生争吵或与服务对象发生争吵,每人次扣2分,情节严重的另行处理;

(2) 态度不好、用语不礼貌、空岗等待时间过长被投诉属实的,每人次扣1分;

(3) 因未按首问责任制要求解答服务对象的,或一次性告知不清,增加服务对象往返次数的,每人次扣1分;

(4) 被投诉业务不熟练、不规范、发生错件或遗失材料的,或未按时办结的,每人次扣2分;

(5) 被明察暗访查处通报批评的,每人次扣2分,后果严重的扣5分;

(6) 办事对象发生意外人身安全事故时,柜长及相关窗口人员应及时通知中心和本单位领导前来处理,未能及时通知的,每人次扣1分;

(7)各类投诉相关人员未及时配合中心调查及处理的,每人次扣2分。

4. 群众评议(20分)。

(1) 评价器(10分)。

每个窗口设有"一事一反馈"评价器系统(简称评价器),分满意、较满意、不满意三档计分,即100分、80分、50分三档,其数学表达式为:

季度评价器分值=

$$\frac{\text{满意票数}\times 100+\text{较满意票数}\times 80+\text{不满意票数}\times 50}{\text{有效票数}}\times 10\%$$

其中不满意档可分四档:态度不好、业务不熟、用时过长、有待改进(如环境不佳等),以便整改。

窗口工作人员在季度考核中，评价器评议满意率达到100%的，可得10分。

(2) 行风监督员评议（5分）。

由外聘行风监督员对各窗口服务情况按照满意、较满意、不满意三档记名打分，分值分别为100分、80分、50分。其数学表达式为：

$$分值=\frac{满意票数\times100+较满意票数\times80+不满意票数\times50}{有效票数}\times5\%$$

满分5分。

(3) 窗口互评（5分）。

每个季末最后一周内，中心组织同楼层窗口互评打分，最高为5分。

（六）窗口单位考核内容

1. 人员考评平均分。

窗口单位全体工作人员季度考核分的算术平均分作为单位考核的基本分。

2. 单位直接扣分事项。

(1) 人员管理方面。

各单位要确保在中心开设的本单位窗口能在工作时间内提供对外公开承诺的服务，杜绝本单位窗口出现空岗和缺岗现象；做好本单位的窗口人员选派工作和窗口替岗人员安排，保持窗口人员相对稳定；按时参加中心召开的窗口单位会议；组织本单位会议和学习要求窗口人员参加时，应当错开窗口对外服务时间进行；签发本单位窗口人员半天以上的请假单，无替岗请假时加盖公章。

① 窗口人员无替岗请假获本单位批准，每人次扣0.2分；

② 工作时间内组织要求全体窗口工作人员参加的会议及活动，造成本单位窗口停业，每半天扣1分，由此引起投诉加的，扣1分；

③ 不能保持窗口人员相对固定，考核季度出现人员频繁换人的（包括3人及以上轮岗），每人次扣0.5分；

④ 窗口单位例会时，窗口负责人无故缺席的扣2分，由非负责人代为参加会议的扣1分；

⑤ 服务对象投诉时中心要求被投诉单位派人，未及时到现场进行解释和化解矛盾的，每次扣1分；

⑥ 被市级明察暗访人员或媒体，以中心名义通报批评或曝光的，扣5分（为避免重复计算，单位基本分计算时此项个人扣分的5分不计入）。

（2）窗口事项管理方面。

各单位要积极配合中心做好窗口统一平台的政务公开的工作：如“网上行政服务中心”建设及维护、《办事指南》修编、大厅宣传资料等，及时完成本单位的审批（服务）事项的梳理工作，对本单位审批（服务）事项进驻（撤出）中心窗口、内容变更（事项名称、提交材料、办理流程、收费数额、承诺办结时间等），需提前告知并完成中心备案。

① 未经中心批准在办事大厅公共区域内悬挂、摆放、张贴本窗口单位告知的，每次扣0.5分；

② 政务公开内容与“网上行政服务中心”及《办事指南》上内容与实际操作不一致时必须及时到中心备案，查到未备案的每项扣0.5分；

③ 被投诉违反政务公开资料“网上行政服务中心”及《办事指南》所公开的收费项目和数额收费，经中心查实的，每项扣2分；

④ 审批（服务）事项梳理工作未按中心规定时间完成的，扣2分；

⑤《办事指南》中的审批服务事项应当在窗口受理（收件）和办结（出件），若仍在原单位受理、办理的，扣0.5分；

⑥《办事指南》以外的审批（服务）事项需要在窗口办理的，必须到中心备案，否则扣0.2分；

⑦ 无正当理由拒不执行中心关于重点项目办理协调意见的，扣0.5分；

⑧ 办理事项违反《行政许可法》导致行政复议变更、行政诉讼败诉致使中心名誉受损的，每次扣5分。

⑨ 与中心系统未做数据交换的部门，未按要求落实办事信息在中心系统录入的，每缺一项事项扣1分，累计扣分。

3. 单位直接加分事项（最高限为3分）。

（1）积极配合中心，参加中心组织的活动或代表中心参赛，加0.2～0.5分；

（2）报送稿件被中心采用加0.2分，市级政府网站发表宣传中心的加0.5分；

（3）本季度窗口单位及窗口个人获窗口业务有关荣誉，由窗口单位报送中心确认，市级荣誉季度加0.5分，省级季度加1分；

（4）积极配合区重点项目审批及办事事项的办理，加0.1～0.5分；

（5）推出创新便民措施，优化工作流程或压缩承诺时限，加0.1～0.5分；

（6）配合中心积极推进网上办事且有显著效果，加0.1～0.5分。

（七）考核组织及实施

1. 中心综合科负责窗口季度考核工作的组织实施。中心业务科负责窗口单位年度考核的组织实施。

2. 窗口考核形式有值日检查、随机抽查、明察暗访等。

3. 窗口人员及窗口单位的季度（年度）考核结果，必须先在办事大厅公示一周，再对外公告。

（八）奖惩

1. 中心结合窗口的“争先创优”活动，根据考核结果在窗口评选季度“服务示范岗”、“优秀柜组”及年度“先进窗口单位”。

（1）“服务示范岗”评选办法：中心对窗口个人季度考核按得分高低排名，取前十名为“十佳”，授予“服务示范岗”称号，末十名中根据实际表现情况予以口头批评或窗口单位例会上通报批评。每季评选一次。被市级明察暗访人员或媒体以中心名义通报批评或曝光的人员，取消当季评先资格和年度评先资格。

(2)“优秀柜组”评选办法：中心根据同柜组窗口人员季度平均得分高低排名，按25%比例予以奖励，并授予“优秀柜组”称号，每季评选一次。

(3)“先进窗口单位”评选办法：季度考评时，中心将窗口单位得分按行政审批部门和公共服务部门两个序列进行排名通报。年度考评时，将窗口单位的4次季度考核平均分进行考评，窗口单位的年度考评优秀的，授予“先进窗口单位”称号。

2. 中心设个人季度考核奖和单位年度考核奖。奖金基数按区财政局下拨的专项经费确定。个人按以下规定核定：

(1)不参加中心指纹考勤的人员不建奖，窗口工作人员因公出、年休假等各类请假手续完备将不影响本人考核分和奖金档次，但累计达到十天以上，每十天为一级在应得奖金中按比例扣除。后台工作人员中心出勤率低于50%时可不建奖。

(2)窗口奖金按窗口工位核定为1个计发奖金名额，并按正岗工作人员姓名发放。后台工作人员核定为0.5个计发奖金名额。

(3)经批准的新进人员从进中心次季度起建奖，调离人员从离中心当季度开始停奖。

(4)窗口单位的临时替岗及借用人员、实习生不计发奖金。

3. 窗口单位年度考核结果管理。

(1)窗口单位管理将采用星级达标制和红旗窗口制，在大厅电子屏显示及“网上行政服务中心”系统公示结果。季度考核达标分为96分。得分96分以上为“达标窗口”，得分98分以上且排位前10位为“红旗窗口”，不足10位的不再补足。

(2)窗口单位考核与开发区年度目标绩效考核挂钩，年度专项任务占2分。与开发区综合考评挂钩的达标分为98分，低于达标分的,按每下降1分扣5个百分点的比例扣分。

九、其他

本办法自2011年1月1日起实行,由中心负责解释。如上级有新规定的,按照上级规定执行。

书　　名　政府服务步入窗口时代
著　　者　温方方
插　　图　许瑶华

出版发行　浙江科学技术出版社
网　　址　www.zkpress.com
　　　　　杭州市体育场路347号　邮政编码：310006
　　　　　销售部电话：0571－85171220
排　　版　杭州大漠照排印刷有限公司
印　　刷　杭州丰源印刷有限公司
经　　销　全国各地新华书店

开　　本　710×1000　1/16　　印　　张　8.75
字　　数　109 000
版　　次　2014年5月第1版　　2014年5月第1次印刷
书　　号　ISBN 978－7－5341－5992－3　　定　　价　48.50元

责任编辑　罗　璀　　**封面设计**　金　晖
责任校对　张祝娟　　**责任印务**　崔文红